现代档案管理与实践探究

李丹娜　赵秋凤　黄姗姗◎著

中国书籍出版社
China Book Press

图书在版编目（CIP）数据

现代档案管理与实践探究 / 李丹娜 , 赵秋凤 , 黄姗姗著 . -- 北京 : 中国书籍出版社 , 2023.9
　　ISBN 978-7-5068-9497-5

Ⅰ . ①现… Ⅱ . ①李… ②赵… ③黄… Ⅲ . ①档案管理—研究 Ⅳ . ① G271

中国国家版本馆 CIP 数据核字 (2023) 第 131657 号

现代档案管理与实践探究
李丹娜　赵秋凤　黄姗姗　著

图书策划	邹　浩
责任编辑	尹　浩　周　鑫
责任印制	孙马飞　马　芝
封面设计	博健文化
出版发行	中国书籍出版社
地　　址	北京市丰台区三路居路 97 号（邮编：100073）
电　　话	（010）52257143（总编室）　　（010）52257140（发行部）
电子邮箱	eo@chinabp.com.cn
经　　销	全国新华书店
印　　厂	北京四海锦诚印刷技术有限公司
开　　本	710 毫米 ×1000 毫米 1/16
印　　张	10.25
字　　数	200 千字
版　　次	2024 年 1 月第 1 版
印　　次	2024 年 1 月第 1 次印刷
书　　号	ISBN 978-7-5068-9497-5
定　　价	68.00 元

版权所有　翻印必究

前　言

　　档案在社会发展中形成，具有促进社会发展不可替代的价值作用。它的文字的原始性，图片的真实性，可以全面反映整个历史发展过程，还原真实的基础面貌，在促进社会发展质量，助力经济建设方面发挥着巨大的力量。因此，做好档案工作具有重大的意义。但随着我国经济和政治体制改革不断深入，档案管理的方式方法有了很多变化。为了适应这些变化，国家与地方层面出台了一系列新的规定和标准，各地档案部门也积极探索与实践，创新了许多有益的做法，吸取了不少先进的理念。因此，本书将继承性和创新性、理论性和实用性进行有机结合，对现代档案的管理和实践进行了相关研究。

　　本书内容全面。首先，介绍了现代档案管理的基础知识，具体包括对档案的基本认识、档案管理的内容和范围、档案管理的主要方式以及档案管理的组织体系；其次，论述了现代档案管理的理论依据，主要包括文件运动理论与全程管理理念、基于档案资源理念的档案整理与鉴定理论和档案利用服务与开放理论；再次，介绍了现代档案管理的过程及步骤，主要包括档案的收集管理、分类与检索、鉴定与保管以及档案资源利用与服务；接着，阐述了现代档案信息化建设与管理，具体描写了档案信息化及其建设意义、档案信息化建设的保障体系、档案信息化建设与管理的优化以及档案信息化新技术的应用与探索；最后，从人事档案、会计档案、科技档案的管理入手，对现代专业档案管理实践进行了探究。另外，本书还对现代特殊载体档案管理实践进行了研究，具体论述了照片档案的管理、音像档案的管理、实物档案的管理和电子档案的管理。

　　本书借助通俗易懂的语言、系统明了的结构，对现代档案的管理进行了具体阐述，对档案方面的相关从业人员、高校师生而言具有一定的参考价值。

　　本书在写作过程中，得到了许多专家、学者的帮助和指导，在此表示诚挚的谢意。由于笔者水平有限，加之时间仓促，书中所涉及的内容难免有疏漏之处，希望各位读者多提宝贵意见，以便笔者进一步修改，使之更加完善。

目 录

第一章 现代档案管理的基础知识 1

    第一节 对档案的基本认识 1

    第二节 档案管理的内容及范围 7

    第三节 档案管理的主要方式 12

    第四节 档案管理的组织体系 17

第二章 现代档案管理的理论依据 22

    第一节 文件运动理论与全程管理理念 22

    第二节 基于档案资源理念的档案整理与鉴定理论 31

    第三节 档案利用服务与开放理论 40

第三章 现代档案管理的过程及步骤 47

    第一节 档案收集管理 47

    第二节 档案分类与检索 50

    第三节 档案鉴定与保管 61

    第四节 档案资源利用与服务 68

第四章 现代档案信息化建设与管理 72

    第一节 档案信息化及其建设意义 72

    第二节 档案信息化建设的保障体系 74

    第三节 档案信息化建设与管理的优化 88

    第四节 档案信息化新技术的应用与探索 92

第五章　现代专业档案管理实践探究 ··· 99

第一节　人事档案的管理 ··· 99
第二节　会计档案的管理 ··· 111
第三节　科技档案的管理 ··· 116

第六章　现代特殊载体档案管理实践 ·· 133

第一节　照片档案的管理 ··· 133
第二节　音像档案的管理 ··· 139
第三节　实物档案的管理 ··· 141
第四节　电子档案的管理 ··· 144

参考文献 ·· 156

第一章

现代档案管理的基础知识

第一节 对档案的基本认识

档案是伴随着人类文明的起源、社会的发展而产生和发展的。从口口传到结绳刻契，从文字记录到声像记录，再到电子记录，档案经历了漫长的演变过程。

一、档案的起源

在远古蛮荒时代，由于生产力极其低下，社会关系简单，原始社会早期人们的交往、社会活动仅靠口口相传就能满足人们的需要。但语言有许多局限性，既无法保存，传播也受到限制。[①]

当社会从低级原始阶段向前发展时，为适应日益复杂的社会生产和生活要求，人们开始以实物帮助记忆，即在物件上作出一些标记或符号表达思想或记事。我国历史上主要有结绳和刻契等原始记事方法。《周易·系辞下》载："上古结绳而治，后世圣人易之以书契。"李鼎祚《周易集解》引《九家易》载："结之多少，随物众寡，各执以相考，亦足以相治也。"可见，结绳是我国最早的记事方法。

刻契记事比结绳记事更进一步。所谓刻契，即在木片、骨片或玉片上刻上符号以记事。这种记事方法在我国古籍中也有记载，如西汉学者孔安国《尚书·序》载："古者伏羲氏之王天下也，始画八卦，造书契，以代结绳之政。"刻契记事在我国一些少数民族中也能得到印证。如《隋书·突厥传》载："无文字，刻木为'契'。"说明一些少数民族在文字产生前已有"契"了。

到了20世纪50年代，我国一些少数民族仍以刻契记事。

原始人还善于用图画来记事，比刻契记事又进了一步。传说中，远古时期人们用花、

[①] 浙江省档案局. 档案事业概论[M]. 杭州：浙江大学出版社，2014：1.

虫、鸟、兽等各种符号记录种种事物。近年我国出土的原始社会晚期仰韶文化、龙山文化彩陶上的刻划符号，被学者认为就是简化了的图画。

人们尽管借助于各种标记、符号，用结绳、刻契、图画等记事方法，能保存、传递相关记录信息，但由于受生产力发展水平的限制，加之原始记事方法的局限性，留存的记忆往往是不确切、不完整的，不能成为普遍的社会交往工具。历史、语言学家把这一时代称为"助记忆时代"。同时，原始记事在一定范围内有历史记录、契约、凭证、备忘等作用，因此，可以看作是档案的雏形。

二、档案的发展

档案产生的条件主要有以下两方面。

第一，文字的产生是档案产生的客观条件。档案起源于原始记事，但原始记事并非档案。文字作为语言记录符号产生以后，使得早期人类大同小异的记录符号逐渐变得整齐划一，从而形成系统。只有文字才能准确表达思想，文字的产生为准确地记录事实提供了条件，从而为档案的形成提供了客观条件。随着生产实践的继续发展，记录语言的文字符号系统进一步完善，出现了比较有条理的信息记录。这些有条理的信息记录使用完毕后，为了日后查考，被整理保存起来，便形成了档案。河南安阳小屯村出土的3000多年前的商代甲骨文字档案，是迄今发现的我国历史上最早的文字记录档案。

第二，国家的出现是档案产生的社会条件。在原始社会后期，随着生产的发展、社会交往的扩大，人们需要帮助记忆和交流的工具，而文字记录正起到了保存社会活动记忆、便于交流的作用。社会越发展，人们交往越频繁，形成的记录越多，发挥的作用也越大。在原始社会向奴隶社会过渡，出现了阶级、国家以后，统治者为了治理国家、协调矛盾、发展生产、军事外交等，更需要有一种发号施令、管理众人的工具，于是就产生了记录阶级统治、国家管理状况的文书。这些文书保存并留传下来，就成为档案。

可见，漫长的人类社会发展过程中，在文字记录的产生、社会的发展、国家的逐渐形成、进入阶级社会以后特定的社会需要等诸因素影响下，档案逐渐产生并不断发展。

三、档案的概念

关于档案的概念，国内外档案学界有许多不同的观点和阐述，20世纪80年代，全国范围内也有过广泛讨论。目前，大家普遍认同的档案概念是：国家机构、社会组织或个人在社会活动中直接形成的有价值的各种形式的历史记录。这里指的是普遍存在的、一般意义上的档案，其价值作用对象可以是组织，也可以是个人。

《中华人民共和国档案法》（以下简称《档案法》）第二条对档案的表述是："本法所

称的档案,是指过去和现在的国家机构、社会组织以及个人从事政治、军事、经济、科学、技术、文化、宗教等活动直接形成的对国家和社会有保存价值的各种文字、图表、声像等不同形式的历史记录。"《档案法》所称的档案,是指法律监管范围的档案,从法律上明确了国家管理档案的范围,专指"对国家和社会有保存价值的档案",而并非一般意义的档案。

一般意义上的档案概念包含了以下五个方面的涵义。

第一,档案的形成主体是各种组织机构和个人。档案形成主体大致包括两方面:一是组织机构,包括国家机构、政党、军队、事业单位、企业、社会团体以及其他社会组织;二是个人、家庭和家族。档案的来源十分广泛,任何组织机构和个人都会形成档案。

第二,档案的形成客体是社会活动。档案是人类社会活动的产物,档案形成并存在于人类社会活动,档案记录的对象是人类社会活动,人类社会活动的内容决定了档案记录的内容。未被人类记录下来的自然界的信息不是档案,自然界的信息成为档案需要两个条件:第一,它们被记录;第二,记录者是人。丰富的人类社会活动决定了档案内容的多样性。人类社会一切活动都会形成档案。

第三,档案是直接形成的。与图书、资料等不同,档案是特定的形成者在当时当地直接、自然地形成的,是人类社会活动不可分割的组成部分,是第一手的材料,而不是事后编写或随意收集的材料,更不是凭空杜撰的材料。档案具有原始记录性特点,档案的真实性、完整性以它所针对的人类社会活动为依据,如文稿的修改痕迹、当事人签名手迹、单位原始盖章等,都反映了历史面貌、自然状态。

档案的原始记录性也是档案的根本价值所在,保管保护好档案,最根本的就是要维护档案的原始性,保持档案的历史面貌。

第四,档案是有保存价值的历史记录。文件是为处理某一事情而产生的,是自然形成的。但并不是所有的已办理完毕的文件材料都会转化为档案,只有那些对今后有查考利用价值的文件材料,才会被继续保存下来。也就是说,只有那些有保存价值,已经办理完毕并经过规范整理的文件材料才能转化为档案。档案是办理完毕的、具有查考价值的、集中保存起来的、已经成为历史记录的文件材料。

第五,档案的实存形态是多种多样的。档案历史记录是一种客观存在,根据人类社会活动的需要,通过不同的记录方式和载体形式表现出来,并随着社会的发展、科技的进步而不断变化发展。档案的记录方式有文字的、图表的、声像的、数码的等等。古代档案的载体主要有纸草、龟甲兽骨、泥版、金属、石材、竹木、贝叶、缣帛、纸张等;近现代主要有纸张、胶片、磁带、磁盘及各种实物等。

四、档案的性质

档案是一种原始信息记录。相对于图书、资料等信息记录,档案有其独有的特性。档案的性质即档案的属性,包括本质属性和一般属性。

(一) 本质属性:原始记录性

档案是人类社会活动中直接形成的,具有很强的原始性;档案又是以具体内容体现社会活动的历史记忆,具有历史记录性。原始性和历史性的结合是档案的独有标志,原始记录性就是档案的本质属性,这是档案区别于其他事物尤其是相邻事物(如图书、文物、资料等)的本质所在。一定的历史条件和社会实践产生相应来源、内容和形式的档案,并使档案自然地分门别类,同时又构成档案之间一定的固有的联系。

(二) 一般属性:知识性、信息性

1. 档案具有知识性

档案是人类认识和改造主客观世界的智慧的结晶,它记载了人类社会活动中大量有知识价值的事实、数据、成果和理论,包含了经济、政治、科学、文化等各方面知识的材料,是由个人、组织机构以至整个国家、社会逐步积累起来的原生态知识。所以,档案是储存知识的一种重要载体。在人类社会文明的历史中,如果没有档案,便失去了连续地、全面地直接记录和积累知识的原载体。

档案不仅有储存知识的功能,还具有传播知识的功能。它的知识传播功能不仅有空间扩散性,而且有历史的延续性,它可以将人类知识世代相传,使之连绵不断。从古代史官守藏档案,仅在官员的子孙中相传,到打破"学在官府"制度,将档案中积累的知识在民间传播,直至近现代文化科学技术发展中对档案文献的广泛利用,都证明档案是人们获取知识的重要途径之一。因此,档案是人类社会进行精神再生产和物质再生产的一种重要智力资源。

2. 档案具有信息性

档案是重要的信息资源。档案信息作为信息家族中的一员,具有信息的一般属性,如中介性、可替代性、可传输性、可分享性等。同时,档案信息又具有自身的某些特征,主要表现为原始性和回溯性。

第一,档案信息的原始性。按照信息的特征和机能,可以将信息分为原始信息和加工信息。原始信息是指用数字和文字对某一项活动所做的最初的记载,对原始信息进行不同的加工处理,才成为加工信息。档案与图书、资料等其他信息相比,具有显著的原始性特征。档案信息的这种原始性,使它具备了其他信息形式无法替代的证据作用。

第二，档案信息的回溯性。从文件到档案的转化是有一个过程的，因此，档案信息与其所反映的社会活动内容及该项活动的真实过程必然有一定的时间距离。正是这种时间距离，使档案信息具备了回溯性的特征。档案一旦形成，就成了过去社会活动的记述，即历史的记述。东汉王充的《论衡·谢短篇》中说："知古不知今，谓之陆沉；知今不知古，谓之盲瞽。"档案信息的这种回溯性特征，使之成为贯通古今的信息。

此外，档案还具有文化性、社会性等特点。

五、档案的价值

档案价值是指档案对国家、社会组织或个人的有用性。它是主体需要（档案利用者及利用需求）和客体属性（档案内容、载体、类型）的统一与结合。客体的属性是构成档案价值的基础，主体的需要是构成档案价值的前提。两者相互关系才能决定档案的价值。

从不同的角度看，档案的价值有不同的形态，下面进行具体介绍。

（一）第一价值与第二价值

从档案价值主体对象来看，可分为第一价值、第二价值。第一价值，是指档案对于其形成者所具有的价值，其价值主体是档案形成者；第二价值，是指档案对社会利用者所具有的价值，其价值主体主要是非档案形成者。一般来说，第一价值的实现是在各单位档案室，第二价值的实现是在档案馆。档案面对不同主体体现的不同价值，体现了档案价值的阶段性、多面性。档案人员在确定档案归档范围、进行档案价值鉴定及其他各项工作时，既要保证档案第一价值的实现，即为本单位服务，还要考虑档案第二价值的实现，即为社会各方面服务。

（二）现实价值与长远价值

档案价值主体不同，其实现时间也是不同的，据此，档案价值又可分为现实价值与长远价值。档案的现实价值是指档案对当前社会活动所起的作用，通常又称现行价值。现行价值的主体是档案形成者及其相关组织和个人，社会活动包括经济、政治、军事、文化、宗教、社会事务等当下社会生活的方方面面。档案的长远价值，是指档案除了能为现实工作、学习和生活提供有关服务外，还将对未来产生影响，能在未来对社会各方面产生作用。长远价值的对象由档案形成者扩展到社会各方面，时间由当前延伸向遥远的未来。我们要从分析研究档案形成的历史背景、形成者的自身职能出发，准确把握档案的现实价值和长远价值，切实做好档案鉴定和保管工作。

（三）证据价值与情报价值

根据档案的属性，档案又具有证据价值和情报价值。所谓证据价值，是指档案可以成为法律诉讼、争端处理、权属确认、责任区分等活动的有效凭据。这主要缘于档案的原始记录性这一本质属性，档案的这种原始记录性是以内容的真实性和当时当事人历史的手迹、原始标记为保证的，能经得起科学的、历史的检验。档案又具有知识性和信息性，因此，档案具有参考价值即情报价值。档案与报刊、图书、资料等一样，是一种参考资料、情报资料，而且是具有原始性、可靠性的情报资源。人们可以借鉴档案提供的情报信息，有效地开展各项社会活动。有时候，档案内容或许是不完整、不真实的，甚至有造假的成分，但档案留下了当事人的行为痕迹，反映了档案形成者的认识水平和原来的意图，仍然是真实的历史记录，具有可靠的情报价值。

（四）利用价值与保存价值

利用价值是针对档案的具体用途而言，即指某一（或一部分）档案对具体的利用者的具体意义和作用。如某份学籍档案中有关某一学生在校学习成绩的记录，对该学生升学、谋职或出国留学等起到一定的证据和参考作用。档案的利用价值是有多种具体形态、多层次的，不同价值主体、不同阶段，其具体利用价值不同。档案的保存价值实际上指档案是否具有被保存的意义，它以保存时间长短来体现。因此，从这个意义上说，档案的保存价值也就是指档案具有利用价值的时间限度，保存价值的外在体现就是档案的保管期限。档案利用价值是档案保存价值的基础，保存价值是利用价值的时间限度，档案保存价值实质上是指利用价值大于其保管的代价。

六、档案的作用

（一）档案是工作查考的主要依据

各类组织机构既是决策机构，又是办事机构。既要进行科学决策，又要切实组织实施，同时需要处理一些日常周而复始的事项。领导和工作人员为此需要通过查阅档案记录，了解历史、制订计划、处理事务，使决策更科学，办事更高效。没有档案记录，任何组织机构都难以保证其决策、管理上的连续性、科学性。可以说，档案为工作开展提供了可靠凭据，起着重要的帮助作用。

（二）档案是文化传承的重要载体

档案是丰富的文化资源，记载了社会物质文明、政治文明、精神文明、生态文明建设的历史。社会文化的发展是具有历史延续性的，档案承载了文化，档案的存在和发展是文化发展延续性的重要基础和条件。档案是重要的文化传播媒介，人类社会的文化在档案中得以积淀、传播、发展与进步。档案是人类文明进步的阶梯。

(三) 档案是经济建设的宝贵资源

在经济建设过程中形成的大量档案信息，完整记录了基础设施建设与设备购置、工农业生产和服务业、产品研发推广应用等过程的历史面貌，是开展项目与设备管理、生产与经营管理、科研与技术管理的重要依据。凭借这些档案，可以有效进行项目的运行、维护，可以顺利地开展企业技术改造，可以积极进行产品的升级换代，可以维护国家、企业、公民个人的合法权益。档案是经济发展的无形资产，是经济建设的宝贵资源。

(四) 档案是科学研究的可靠依据

档案记录了事物发生、发展、变化的历史和规律，保存了相关领域科学研究状态、基础数据、观测记录和统计分析材料。科研工作者通过查阅以往科研档案记录，能了解相关内容科学研究现状，掌握充分的基础数据，占有丰富可靠的第一手材料。无论是自然科学研究，还是社会科学研究，只有以档案为可靠依据，才能科学地把握事物发展规律，准确地阐明历史发展的脉络。

(五) 档案是政治斗争的有力工具

历代统治者为本阶级利益的需要，都十分重视档案的收集和保管。因为档案记载了经济建设、社会政治的方方面面，是国家统治、军事外交、经济科技发展的缩影。掌握了档案，就掌握了国家的记忆与历史，就掌握了阶级统治的主动权。每当发生战争或政权更迭时，档案往往成为双方重点争夺的资源，成为阶级统治和政治斗争的工具。

(六) 档案是宣传教育的生动素材

档案真实、系统、生动地记录了宏大的历史和丰富的事件、人物，它包罗万象，既有经济、政治、军事，又有文化、科技、社会，是开展宣传教育的第一手材料。通过档案来进行宣传教育，既真实、直观、生动、形象、具体，又有很强的说服力和感染力。

第二节　档案管理的内容及范围

一、档案管理的内容

档案管理的基本内容包括档案的收集、整理、保管、鉴定、统计、检索、提供利用等，通常称为档案管理工作的七项业务环节。

档案的前身是文件，而文件是随着社会活动分散形成的。文件办理完毕后，为便于查考，需要对分散的文件加以挑选，择其有继续保存价值的文件，经归档整理后，集中保存在单位档案管理机构。过了若干年后，其中具有长远保存价值的档案，应当按照规定移交有关档案馆保存，这就形成了档案的收集工作。档案收集工作是档案由分散到集中的过程，它是档案工作的起点，也是档案工作的首要环节。

收集起来的档案是相对零乱的，因为档案数量较多，内容复杂，为了便于管理和利用，需要对零乱的档案进行分门别类，加以条理化，使之规有序，这就形成了档案的管理工作。档案管理工作是指档案由零乱到系统，从无序到有序的过程，它是档案工作的基础。

随着时间的推移，由于自然的和人为的各种因素影响，档案总是处于渐变性的自毁过程，甚至可能遭到突变性的破坏，比如，纸张发黄变脆、字迹褪色，或遭受火烧、水淹、虫蛀、霉变等。为了解决档案不断被损毁与长远利用的矛盾，就需要对档案加以妥善的保管，采取各种有效的保护措施，保证其完整与齐全，最大限度地延长其寿命，这就形成了档案的保管工作。

档案数量日益增多，有些档案失去了保存价值，为防止档案庞杂，就需要剔除那些丧失了保存价值的档案并予以销毁，还要区分不同档案的保存价值，以便分级保管，发挥档案的重要作用，这就形成了档案的鉴定工作。

对档案进行科学管理，需要对档案和档案工作的情况进行全面了解，做到"心中有数"。因此，对档案和档案工作状况进行数量的统计、分析和研究，就形成了档案的统计工作。

档案数量很多，基本上是按自身形成规律整理和存放的，但社会各界利用档案的要求则是特定的，又是多方面的。利用者面对浩如烟海的档案，要查找自己所需要的档案材料，犹如"大海捞针"，这就需要编制成套的检索工具，从各种途径揭示档案的内容和成分，供档案人员和利用者使用，以解决数量庞大的档案资源与利用者特定需要的矛盾，这就形成了档案的检索工作。

保存档案的目的是提供档案为社会各界服务，充分发挥档案的作用。

为了能使档案的作用及时、充分地发挥出来，需要我们开辟各种途径，采取各种方式方法，进行研究挖掘，向利用者介绍档案馆（室）藏，提供档案信息服务，这就形成了档案的开发利用工作。

二、档案的类型及档案管理工作的范围

档案的类型是多种多样的，不同类型的档案，其记录方式、载体、内容又千差万别。档案分类方法很多，有学术研究上的分类、国家档案资源建设上的分类、档案实体整理上的分类、档案信息编目上的分类等，以下列举的是常见的学术上的分类。

（一）按形成时间分

按我国档案形成的不同历史时期，可以分为两大类：中华人民共和国成立前的历史档案和中华人民共和国成立后的当代档案。

1. 中华人民共和国成立前的历史档案

（1）历代王朝时期的档案。我国历代王朝在国家内政外交管理过程中，形成了不少档案。由于受当时社会生产力水平的限制，档案保管条件较差，加上社会动荡，留存下来的档案不多，特别是元代以前的档案，保存下来的很少。元代以前的档案主要保存在国内外的博物馆等机构，辽宁省档案馆保存有6件唐朝档案，西藏自治区档案馆保存有部分元代档案。相对保存完好的是明、清两代国家机构的档案。目前，明、清两代国家机构形成的档案主要保存在中国第一历史档案馆和辽宁省档案馆，中国台北"故宫博物院"和台湾"中央研究院近代史研究所"档案馆也保存了一部分。一些地方档案馆保存有少量明代档案和部分清代档案。

（2）民国档案。是指1949年10月1日中华人民共和国成立之前民国政府各个时期形成的档案。包括中华民国临时政府、北洋政府和国民党政府以及汪伪、伪满洲国傀儡政权统治时期的机关、军队、企业事业单位及其他组织、著名人物形成的档案。相对于历代王朝档案，这一时期的档案留存下来的多一些，但完整性、系统性还是比较欠缺。民国档案主要保存在中国第二历史档案馆、辽宁省档案馆和中国台北"国史馆"、台湾"中央研究院近代史研究所"档案馆，其他主要保存在各级地方国家综合档案馆。

（3）革命历史档案。是指1919年"五四"运动到1949年10月1日中华人民共和国成立以前整个新民主主义革命时期，中国共产党及其领导下的人民政权、军队、企业事业单位及其他革命组织、革命活动家形成的档案。

这些档案记录和反映了中国共产党领导的全国各族人民革命斗争情况。由于战争期间颠沛流离，留存下来的档案较少，但十分珍贵。目前这部分档案中的中央机关档案主要保存在中央档案馆，其他革命历史档案保存在各级地方国家综合档案馆。

2. 中华人民共和国成立后的当代档案

中华人民共和国成立后的当代档案是指1949年10月1日中华人民共和国成立以来，各级国家机关、团体、企业事业单位及其他组织形成的档案，包括各级各类档案馆保管的档案。这部分档案记录和反映了我国社会主义革命和建设的历史，特别是记录和反映了改革开放和社会主义现代化建设，建设中国特色社会主义的伟大实践，是我国国家管理的档案中数量最多、内容最丰富、保存最完整的档案。

（二）按形成领域分

1. 文书档案

文书档案是反映党务、行政管理等活动的档案。党的建设和经济、政治、文化以及机关单位内的党群事务、行政管理、财务管理、专门业务管理等档案，都属于文书档案。文书档案具有来源复杂、涉及面广、内容丰富、形式规范等特点。

2. 科学技术档案

科学技术档案是反映科学技术研究、生产、基本建设等活动的档案。这类档案表现形式丰富多样，有文字、图纸、表格、计算材料、照片、影片、录像和录音等。常规的科技档案包括科研档案、生产技术档案、基本建设档案、产品档案、设备档案等。科学技术档案具有专业性、成套性、现实性、效益性等特点。

3. 专业档案

专业档案是反映专门活动领域的档案。这类档案体现了一些单位或部门从事专门活动、履行专业职能的历史面貌。专业档案具有专业性强、文件格式统一、程序规范等特点，有其独特的管理方法和要求。

（三）按所有权性质分

1. 公共档案

公共档案是国家机构或其他公共组织在公务活动中形成的为国家所有的档案。公共档案的形成、管理、利用等各项工作，受法律调整，接受法律监督。属于同级国家档案馆进馆范围的公共档案，一律由本单位档案机构归档保存，一定年限后，需移交同级国家档案馆集中保管。公民有权利依照规定利用公共档案。

2. 私人档案

私人档案是私人或私人组织在实践活动中形成的、为私人所有的档案。如各种动产、不动产、债权债务协议票据、家用电器设备安装使用说明书、维保单、个人信札日记、文稿笔记、影像记录、电子档案、私人组织档案等。这些档案对私人组织运行、对公民个人或家庭生活都起着积极作用。私人档案在不危及国家、集体、他人利益的前提下，所有者可以自行处置。

（四）按载体形态分

1. 纸质档案

纸质档案是以纸张为记录载体形成的档案。造纸术发明以前，我国在很长一段时间大量使用竹简、缣帛为载体形成档案。西汉初年，因对传播发展的需求，纸作为新的书写材料应运而生，我国甘肃省多次发现西汉麻纸残片——西汉时期放马滩纸、肩水金关纸、马圈湾纸（敦煌残页）、金关纸、敦煌纸。其中放马滩纸为西汉初期的纸质地图，不仅是迄今发现的世界最早的植物纤维纸，也是世界最早的纸质地图实物和最早的纸质档案。汉代以后，逐步由简、帛、纸并用过渡到以纸张作为撰写文书的主要载体。以纸张为记录载体的档案，是目前我国档案馆（室）保存的档案中主要载体形态。

2. 非纸质档案

非纸质档案又称特种载体档案，有纸张发明以前我国古代的甲骨档案、金石档案、简牍档案、缣帛档案等，国外早期的纸草档案、泥版档案、羊皮纸档案等。也有近现代的胶片、磁盘、光盘等新型载体材料。还有印石、锦旗、金属物等各种实物形态档案。

（1）甲骨档案，是以龟甲和兽骨为材料刻写文字形成的古代档案。在我国考古挖掘中，发现了商、周、汉等朝代形成的甲骨档案，其中商代甲骨档案是我国现存最早的系统的官府文书。

（2）金石档案，是铭文档案和石刻档案的总称，是将文字刻铸在青铜器、铁器、石头上形成的档案。商和周代将记载王族恩赐、征战经过、诉讼裁判等重要内容的铭文铸在青铜器上，称为金文或钟鼎文。春秋时期，冶铁业有很大发展，一些重要事情和法令铸在铁鼎上。也有的将重要的记载和规定刻在石头上，如王公征伐、祭祀、游猎等。这些铭文、石刻记录有相当一部分被保存了下来，称为"金石档案"。

（3）简牍档案，是指在竹简、木牍上书写文字形成的档案。周代和春秋战国时期，人们习惯将文件、书籍书写于竹简、木牍上。事情简单、字数不多，写在狭长的单片竹简上；事情重大，要写很多字，则简片连编起来汇集成册。所以，在我国，最早对文件和档案的称呼，见诸文字的叫作"册""典"。

（4）缣帛档案，是用丝织品作为书写载体而形成的档案，又称为帛书。春秋战国时期，出现了大量缣帛档案。湖南长沙楚墓出土的形成于战国时期的帛书，是现存最早的缣帛档案。用缣帛书写的文件可以舒卷，一份文件可以卷成一卷、一轴，所以又称"卷""卷轴"。

（5）新型档案，随着科学技术的发展，出现了以新型材料为载体和记录方式的新型档案。如以感光、磁性材料等为载体，用拍摄、刻录、录制等方式记录形成的档案。

3. 电子档案

随着计算机技术、通信技术和网络技术的发展，办公自动化、电子政务、电子商务的兴起，产生了电子档案，它是以数码形式记录于磁带、光盘、磁盘等载体，依赖计算机系统阅读、处理并可在通信网络上传输的文件。根据《电子档案移交与接收办法》（国家档案局档发〔2012〕7号）的表述，电子档案"是指机关、团体、企事业单位和其他组织在处理公务过程中形成的对国家和社会具有保存价值并归档保存的电子档案"。

此外，按记录方式分，有文字、图表、声音、图像等类型档案。不同载体与记录方式的档案，有不同的保管要求。

综上所述，由于档案种类和类型的多样性，档案管理的范围非常广泛。不同类型的档案具有不同的形成规律和特点，需要采用不同的方法，由此形成了档案管理的各个专门领域，如文书档案管理、科技档案管理、人事档案管理、会计档案管理、教学档案管理等。

第三节 档案管理的主要方式

方式通常是指说话做事所采取的方法和形式，也常解释为可用以规定或认可的形式和方法。因而管理方式既可指具体管理行为所采用的方式和办法，也可以抽象地理解为管理活动的通用手段或模式。简而言之，管理方式是依据管理内容的特点和要求，对管理资源进行整合、配置的方法与途径。

一、以管理方式为前提的档案管理理论

以管理方式为前提的档案管理理论研究主要包括：直接与媒介管理方式对比；管理活动中文件方式的特点与功能；管理活动中文件方式构成要素分析；管理活动中文件方式影响因素分析；文件方式的历史梳理与创新研究。

管理方式是管理资源整合、配置与利用的方法与途径，是管理内容与管理功能得以实现的基本手段。管理维度空间中承担着"连接"内容维度与资源维的作用，也就是说，离开管理方式的支撑，资源就无法服务于管理内容，甚至不能称之为管理资源，而管理内容也就无法展开与实施。此外，与管理资源和内容的相对固定、客观性较强不同，管理方式还具有相当的灵活性和能动性，一则管理方式的选择受管理主体的支配和左右，二则同样的管理方式和手段，经由不同的管理者运用，其结果与绩效也会有所不同。[①]

（一）研究阶段与内容

文件方式作为社会与机构管理活动中最重要、最通用的管理方式由来已久，一般认为随着文字的出现和国家的产生，它在管理中的基本职能便已出现。

韩英将我国文件方式的发展划分为了早期（主要包括殷商、周至春秋战国时期）、封建社会时期、民国时期与中国共产党领导时期等几个阶段。

---

① 潘潇璇. 档案管理理论研究［M］. 延吉：延边大学出版社，2018：59.

文件方式一直是档案管理理论研究的特色和强项，而最初的研究又集中在其分支学科——"文书学"之上（当然，文书学不是文件方式研究的全部）。

故本书参考中国人民大学王健的观点，将我国的文件方式研究划分为三个历史阶段：首先是萌芽阶段，指自有文件方式起到20世纪初的漫长过程，这一时期的文件方式处于相沿成习、专任封闭的状态，主要的成果是汇集文书资料、研究文书（文件）的撰制、制定文书工作规则等；其次是研究起步阶段，从一开始出现了较为系统的文件方式相关研究成果，如仝宝廉编写的《公文式》，是以最早的专著形式成果，以及随后的《公牍通论》《文书之简化与管理》《公文处理法》《公牍学史》等一批有代表性的专著面世；再次是蓬勃发展阶段，主要表现是设立了专门的研究机构，出版大量的学术专著，逐步形成了系统的理论体系，并开始对新型载体文件（如电子档案等）的运转方式进行探讨和研究。

而从媒介形态特征来看，可分为传统文件方式和电子档案方式两个研究阶段。前者是指对以纸质文件为代表的文件方式的相关研究，在我国起源于民国时期，而后者是对数字格式存储的文件方式的研究，在我国较早的是对美国学者罗伯特·威廉斯的《电子档案管理——即将来临的文件管理革命》一文的翻译，而随后开始较系统阐述与研究的则是中国人民大学的冯惠玲，她的博士论文就是《拥有新记忆——电子档案管理研究》，并一直对电子档案相关问题跟踪研究至今，其《电子档案管理国家战略刍议》一文中，开始关注电子档案在国家与社会管理方式中的困惑，随后其主持的课题"电子档案管理机制研究"成果更是得到了温家宝同志的专门批示，要求有关部门认真参考、研究这一成果。

从管理理念来看，可分为管制型文件方式和服务型文件方式两个研究阶段。之所以会有这两个阶段的区分，一方面是来自我国行政管理和社会发展实践的冲击。中国几千年封建专制统治和高度集权的计划经济体制，使得管制型文件方式影响极深，而政治民主化进程和市场经济发展要求政府从统治者的身份逐步转变为社会的服务者。管制型权力运行的向度是自上而下的，社会管理活动都由政府主导推动，较少考虑社会公众的愿望和多样化需求，其文件方式是封闭的、机械的。服务型则是一个上下互动的管理过程，它主要通过合作、协商、认同和建立共同目标等途径来推动管理活动进行，因而其文件方式也就相对较为开放和灵活，特别是程序的开放性是服务型管理方式的基本要求和主要特点，过程没有公开透明，就无法分清权责的范围和大小。另一方面也受到公共管理理论变革的影响。如20世纪七八十年代以来流行于西方各国家主张有限政府的新公共管理思潮，为了改变政府形象、提高管理绩效，美国学者戴维·奥斯本提出的重塑管理十条思路等，都对我国公共管理和文件方式的研究产生较大的触动和影响。服务型文件方式研究萌芽于20世纪末，最初的研究主要是着眼于政府文件信息资源能否公开，后来探析信息公开制度，而自《政府信息公开条例》起草之时起，这类研究便开始如火如荼，从周毅的《政务信息公开与档案馆现行文件阅览中心的建立》至今，已有近300篇可以归属于服务型文件方式的中文期刊论文发表。

至于管理方式维度的档案管理理论研究内容，无论属于哪一历史发展时期或哪种媒介形态，也无论何种管理理念，都应该涉及文件方式的含义与特点，文件方式的功用与意义，文件生成（制作）、流转、督办与办毕处理等的发展历程与趋势，文件方式的构成要素与环境分析等方面的研究。

（二）研究倾向与特色

本书对管理方式的理解是，依据管理内容的特点和要求，对管理资源进行整合、配置和保障的方法与途径。在管理维度空间中，管理方式承担着连接内容维度与资源维度的功能和作用，只有借助和利用一定的管理方式，资源才能服务于管理内容。与此同时，管理方式也受到管理资源和内容的制约和影响，并为管理目标所指引和控制，为管理主体所左右和支配。因而归于管理方式的档案管理理论研究呈现如下倾向与特色。

1. 目标导向

方式是服务于管理内容的，但最终是服务于管理的目标，管理方式从选择、确定到运用，无不围绕和依托于管理的目标，归于管理方式的档案管理理论研究自然也着眼于社会与机构管理的终极目标，即实现资源的最优配置和效用最大化。因而方式维度的研究属于目标导向型，这与内容维度的任务导向不同，后者更关注细节和具体，相对较为短视，而目标导向则着眼于长远与整体，更注意通用性和兼容性。目标导向与资源维度的用户导向也不同，后者由于过分强调需求者的诉求和利益，往往忽视了提供者和其他相关主体的权益，而方式维度的研究则为了高效地实现管理的内容与目标，自然会以权益平衡为基础，注意权益补偿和救济机制的建立。

2. 系统依赖

系统依赖有两层含义：一是指对具体系统的依赖，即离开由生成机制、流转机制和监控机制共同组成的文件运作系统，文件方式就无立足之本，更不用说发挥其功用了；二是宏观的管理系统，指管理方式的效果发挥对管理的资源与环境具有极大的依赖性，这就是为什么不同的管理主体会选择不同的管理方式和策略，而同样的管理方式和手段，经由不同的管理者运用，其结果与绩效也会有所不同。虽然资源是属于管理的内在性要素，具有可预期性，能为管理者所把握和控制，但管理的环境却是外在的、不可预测的，因而管理方式维度的研究必须探讨文件运作系统及其与外部环境的互动。

3. 效能优先

既然归于管理方式的研究是目标导向，强调以最少的资源赢得最大的效益，这里的效益不是指单纯的经济效益,而是包括社会效益在内的综合效益,所以效能问题是其优先研究和考虑的。

在这种理解下,效率和效能自然不应偏废,但在二者无法兼得时,首先应着眼于效能,然后再设法提高效率。而在汉典中,效能既包括效率,也包括能力,也有人为效能做了个公式:效能=目标×效率,即说明不能片面地追求效率,效率高不代表就可以实现良好的效益,只有在目标引导下的效率才是方式维度研究所应该追求的,所以在研究管理的手段和方式时,要注意调动管理主体的积极性、主动性和创造性,不仅强调管理的效率,更要保证质量和方向。

(三) 研究功用与意义

方式不仅是管理资源得以整合与利用、管理内容与功能得以实现的基本要素,还是这两个维度的关联者与沟通者,管理方式的研究在指导管理活动实践和提高管理效能等方面有着积极作用。档案管理理论研究一直在文件这种管理方式上有着无可比拟的优势,而文件方式因其具有确定性、规范性、可控性等特点,一直为社会与机构管理所通用和倚重。因而归于管理方式的档案管理理论研究具有以下功用与意义。

第一,能直接应用于社会与机构管理实践。与内容维度的档案管理理论研究主要用于指导狭义的管理活动——档案管理实践不同,研究文件方式是服务于广义的管理活动,即旨在为各种类型的管理活动提供可资利用的手段和方法,以在遵循管理活动规律的基础上,实现管理资源的有效配置与利用,提高管理活动的效能和水平。

第二,能促进管理方式的优化和集成。所谓优化,一方面是指由于这一维度的档案管理理论研究本身就是对文件方式的研究,必然会带来文件这种通用管理方式的革新和提升;另一方面则是指通过研究与扩大文件方式的影响,也能引发人们对其他管理方式(如会议等)的关注和重视,促进这些方式的改进和发展。而所谓集成,则是指在深度发掘各种管理方式的优劣之处后,在明确管理要素状态的基础上,实现多种方式的有机组配和合理利用。

第三,能凸显档案管理理论研究的地位和作用。与资源维度的档案管理理论研究一样,归于管理方式的档案管理理论研究不再将视线拘泥于档案自身的管理,而是着眼于广义的管理活动,这种研究视域的开拓必然带来学科地位的改变。当管理方式问题进入人们的视野、文件方式成为人们关注的对象时,档案管理理论研究的作用和价值自然就得到了凸显,而其他管理类学科在通用管理方式研究上的短板与短视,必然反衬出档案管理理论研究的长处与强势。因此可以说,这一维度的探讨和研究具有核心竞争力。

二、管理活动中文件方式的优势与不足

管理活动中的文件方式属于正式的、言语型、媒介类管理方式,相对于其他方式,具有以下优势与不足。

(一) 优势

由于文件方式兼具言语型、媒介型和正式管理方式的特点,所以存在以下比较优势。

1. 作用的广度与深度方面的优势

在一定的机制保证下,采用文件方式的管理主体不必亲临管理现场,而是通过文件进行信息的传达和反馈,以实现对管理活动的远程把握与控制,较易扩增管理的幅度和层级,影响和作用的范围较广,这也是文件方式之所以能为各类管理活动普遍使用的重要原因之一。

2. 单位成本方面的优势

相对于会议和现场直接管理等方式而言,由于文件信息复制和传播的成本较低,同样的作用面和影响范围,所需经费要少得多,而且这种优势随着电子档案的大量使用显得更为突出。当然有人会说,保持文件方式运作体系也是需要经费的,虽然不无道理,但由于文件方式是机构日常工作手段,文件方式运作体系的投入平均到单次文件方式的利用几乎可以忽略不计,或者说文件方式的边际成本很低。

3. 传承和凭证方面的优势

这是由于文件方式一般属于书面语言型管理方式,具有外部存储性,即借助纸张、磁盘等载体,能将管理的内容与目标等给予明确的语义表达和思维传播。这一来能保证管理活动不依赖特定管理者的大脑而存在和运作,二来能给今后的类似管理活动提供方式上的借鉴,即保证管理方式的传承性。同时,外部存储性带来的视觉表征具有更大的明确性,具有凭证作用,能避免管理沟通和资源调配的随意改变,保证管理内容和程序的可预期性和可考证性。

4. 表达与理解方面的优势

文件方式的最大优势就是表意准确,这一方面得益于书面语言本身更为慎重,用词考究,具有相对独立性,构思的时间与信息都比较充分,使管理主体意图表达更为准确可靠,很少产生歧义;另一方面,文件生成时,其规范性结构特征也对内容产生制约和规范,如法规公文用篇、节、章等层级结构来体现各部分内容的等级和地位,增强了表意的效果,降低了理解的难度和偏差。

此外，由于文件方式一般说来归属于正式管理方式，因而还具有后者的全部优点，如稳定性、权威性和可控性等。

（二）不足

文件方式的不足之处也是比较明显的。

1. 文件方式在独立性上的不足

文件方式在独立性上的不足即文件方式具有系统依赖性，要发挥其功能，必须有一个完整的运作机制予以支撑和保障，这也是媒介型管理方式的通病，离开了系统的有效支持，文件方式或根本不能运转，或会在管理沟通中产生偏差，因而在研究和创新文件方式时，一个重要的课题就是如何保证文件运作机制的科学性和有效性。

2. 文件方式在时效性上的不足

由于文件方式属于媒介型管理方式，必须经由一定的媒介和途径进行信息传递，无法实现即时的管理沟通和控制，相对于现场管理方式而言具有延时性和相对滞后性，特别是传统的（纸质）文件方式，往往要通过信函或机要途径，迟滞时间较长，还有可能贻误时机。虽然电子档案方式能基本实现即时传达，但电子档案的非人工识别性也会带来延时，即接受方必须借助电脑等设备才能读取文件信息，一旦因主观或客观原因没有及时接收，就会导致延时或误时。

3. 文件方式在灵活性和生动性上的不足

相对于非正式管理方式的不拘形式，反应和执行速度相对较快而言，文件方式受到诸多规定、手续、形式和时间的限制，相对古板僵化、缺乏灵活性、不能随时随地使用，因而会有大量难以触及的领域和范围，造成管理上的空白。此外，相对于口头言语方式和非言语方式的多层次、全方位的表达而言，文件方式无法利用语气、表情或肢体动作进行管理沟通，缺乏鼓动性和生动性，因而不易发生点上的强效应，即无法给予管理对象直接和富有针对性的指令与影响。

第四节　档案管理的组织体系

按照我国《档案法》等法律法规的规定，根据统一领导、分级管理的原则，对国家的全部档案和全国档案工作，必须设置全国规模的档案机构进行管理。各单位的档案由单位内设立档案室（处、科）集中管理；各单位形成的需要长久保存的档案和历史档案，设立各级各类档案馆，由其统一保管；全国的档案工作由各级档案行政管理机关统一、分层负责地进行监督和指导。这些档案保管机构和档案行政管理机构在全国范围内构成了一个严密、完整的组织体系。

一、档案室

档案室是各组织（包括机关、团体、学校、工厂、企业、事业单位等）统一保存和管理本单位档案的内部机构，是整个机关的组成部分，属于单位管理和研究咨询性质的专业机构。党、政、军等机关的档案室又是机关的机要部门之一，具有机要部门性质。档案室是国家档案工作组织体系中最普遍、最基层的业务机构，是全国档案工作体系中最基层的档案业务机构，是机关的内部组织机构，是保存档案的过渡性机构。档案室的主要任务是服务于本机关。

（一）档案室的作用

第一，档案室是机关内具有参谋和咨询作用的部门，为机关职能活动提供档案信息支持。

第二，档案室是全国档案工作的基础，是国家档案资源不断补充和积累的源泉。

（二）档案室的任务

档案室的基本任务是集中统一地管理本机关各部门形成的各种门类和载体的全部档案，为本机关各项工作服务，并为党和国家积累档案史料。

档案室的具体任务在《机关档案工作条例》《机关档案工作业务建设规范》等法规中有明确规定，可概括为：

第一，对本机关文书部门或业务部门文件材料的归档工作进行指导和监督；

第二，负责管理本单位具有长久保存价值的全部档案和相关材料，并提供利用；

第三，定期向对应的档案馆移交具有长久保存价值的档案。

（三）档案室的类型

1. 普通档案室

普通档案室通常也称机关档案室、文书档案室，它主要负责管理机关的党、政、工、团文书档案。这种档案室在全国最为普遍。

2. 科技档案室

科技档案室是指保管科技档案和科技文件资料的专门档案机构。在工厂、设计院、科学技术研究院等单位一般都设有科技档案室。

3. 音像档案室

音像档案室是保存影片、照片、录音等特殊载体档案的档案室。电影公司、制片厂、新闻摄影部门、广播事业部门等单位一般都设有音像档案室。

4. 人事档案室

由于人事档案自身的特殊性，它一般与其他各类档案分开管理，有必要设置专门的人事档案室进行保管。人事档案室通常依附于机关内人事管理部门或组织部门。

5. 综合档案室

综合档案室是统一管理本单位全部档案的综合性机构。它统一管理本机关形成的各种普通档案、专门档案和特殊载体的档案，在资源配置和信息综合开发利用方面具有突出的优势。

6. 联合档案室

同一地区，特别是同一市镇内的一些机关联合起来设立一个档案机构，负责保存和管理这些单位的档案，这种机构通常称为联合档案室。

7. 企业档案信息中心

也称信息中心。它是一些大型企业在原有的图书、档案和情报机构基础上建立的，集档案、图书、情报于一体的信息管理机构。企业信息中心的设立有助于企业适应信息网络环境下信息集成管理的需要，实现信息资源的联合开发和共享。

二、文件中心

文件中心是介于文件形成单位和档案馆之间的一种过渡性的档案管理机构，它是一种社会化、集约化和专业化的档案管理机构。

文件中心最早诞生于第二次世界大战（以下简称"二战"）时期的美国。其产生的主要原因在于文件数量激增与文件形成单位难以承担保管任务之间的矛盾。而我国第一个文件中心是1988年在甘肃省永靖县成立的，并在不断摸索中总结出一整套文件中心运作和管理的方法。

文件中心主要有政府文件中心和商业性文件中心两类。政府文件中心是由县级以上人民政府建立的，为政府机关单位和社会提供服务的非营利性的文件与档案管理机构。商业性文件中心，是由有关机构或个人创办的一种营利性的档案管理机构，主要面向工商企业或个人从事文件存储、文件管理和文件服务业务。它不属于国家档案管理系统之列，但应执行国家有关的档案管理法规和标准。

三、档案寄存中心

档案寄存中心是由国家综合档案馆或其他独立法人设立的，为各类企业、社会团体以及个人提供档案有偿寄存服务的机构。它主要是为不属档案馆接收范围的或不具备档案安全保管条件的各类企业、破产单位、社会团体、公民个人等，提供文件与档案的寄存服务。档案在寄存中心保管期间，所有权形式不变，档案馆一般只提供安全保管服务。

四、档案馆

根据我国《档案法》和《档案法实施办法》中对档案馆的分类，我国档案馆可分为国家档案馆、专业档案馆、部门档案馆、大型企事业单位档案馆四大类。

（一）国家档案馆

各级国家档案馆，是归口中央或地方各级档案行政管理部门（或有关部门）直接管理的科学文化事业机构，包括综合档案馆和历史档案馆。

综合档案馆主要是按行政区划设置的，收集和管理所辖行政区域内各种门类档案的档案馆。综合档案馆一般隶属于各级党和政府，收集和保管党和国家在各方面管理活动中形成的档案，是我国国家档案馆和档案事业的主体。我国的历史档案馆主要有中国第一历史档案馆和中国第二历史档案馆。

根据我国《档案法》及有关文件的规定，我国档案馆是党和国家的科学文化事业机构，是永久保存档案的基地，是科学研究和各方面利用档案史料的中心。

根据我国《档案馆工作通则》的规定，档案馆的基本任务是在维护党和国家历史真实面貌的前提下，集中统一地管理党和国家的档案及有关资料，维护档案的完整与安全，积极提供利用价值，为社会主义现代化建设服务。其具体工作包括：接收与征集档案，科学地管理档案，积极地开展档案的利用工作，编辑出版档案史料。

（二）专业档案馆

专业档案馆是专业系统档案馆和馆藏特殊载体档案馆的总称，如中国人民解放军档案馆、中国照片档案馆、中国电影资料馆、中国现代文学馆，以及城市基本建设档案馆（简称城建档案馆）等。

（三）部门档案馆

部门档案馆是国家有关部门专门建立的档案馆，如外交部、安全部档案馆，它们永久保管本部门及所属机构形成的全部档案，不需要向国家档案馆移交。中央国家司法部门，如最高人民法院、最高人民检察院、公安部等，由于所形成的档案数量大，工作查考的周期长，也需要建立档案馆，保管本部门及其所属单位形成的档案。但其中需要永久保存的档案，在本部门档案馆保存50年后要向中央档案馆移交。

某些中央专业主管机关形成的专业性档案的数量大，技术性和专业性强，因此建立了部门专业档案馆，如国家海洋局海洋档案馆、国家气象局气象档案馆、邮电部档案馆、核工业部档案馆等。

(四) 大型企事业单位档案馆

大型企事业单位和高等院校往往都建立了自己的档案馆，这些档案馆是终极性的，负责永久保管本企事业单位所形成的档案。我国企业档案馆是20世纪80年代后期出现的一种档案馆类型。

随着我国社会主义市场经济的发展以及政府职能的转型，还出现了一些新的档案机构，如档案事务所，它主要提供档案用品及物资的经营服务和档案业务服务，实行商业化运营。此外，自2002年深圳市档案馆率先在全国正式设立"文档服务中心"以来，全国各地县级以上综合性档案馆纷纷响应，在档案馆内设置"现行文件利用中心"，并且产生了广泛的社会影响。档案馆"现行文件利用中心"是适应我国政府信息公开和政治文明建设的需要而设立的一种新型的文件管理机构，主要为社会公众提供非涉密的政策、法规及各类现行、半现行文件的查询阅览服务，它对于推动政府信息公开活动的深入开展，扩展档案馆的社会服务功能具有重要作用。

第二章

现代档案管理的理论依据

第一节 文件运动理论与全程管理理念

一、文件生命周期理论

（一）文件生命周期

对于文件生命周期，美国档案学者詹姆斯·B·罗兹的观点是，文件生命周期是指从文件的产生，经过作为履行组织职能的工具进行活动和工作的阶段，一直到其现实效用的消失，或者当其全部使用目的已经达到时，对其进行销毁，或者因其具有永久保存的价值，而把它们作为档案，赋予新的使命的整个周期。中国档案学者陈兆祦先生的观点是，文件从其产生到成为档案以至消亡是有一个过程的，这个过程就是文件的运动周期，也可以称它为生命周期。综上所述，所谓"文件生命周期"就是文件从其形成、使用到因丧失保存价值而被销毁，或作为档案永久保存并继续实现其社会价值的完整运动过程。这个生命周期除了文件的现行阶段，即现行文件的形成和处理阶段外，还应该包括文件保存在机关档案室和国家档案馆两个阶段。

（二）文件生命周期理论意蕴

文件从其形成到最后销毁或作为档案永久保存，经历了一个完整的运动过程。研究文件的这一发展变化过程及规律的理论被称为"文件生命周期理论"。换言之，文件生命周期理论就是研究文件运动全过程的演变规律、阶段划分、各阶段特点与联系以及相应管理行为的理论。

1. 文件生命周期理论研究的内容

文件生命周期理论的主要内容包括：

（1）研究文件的生命周期。文件从形成、运转、使用到销毁或作为档案永久（即无限期）保存，是一个有机联系的、有规律可循的、完整的运动过程（即生命周期）。

（2）研究文件生命周期划分标准。文件的全部运动过程可以区分为若干阶段，区分各阶段的主要依据或标准，通常是文件价值形态的差异及其转化程度，也可考虑其作用对象、目的与范围的差异，存在形式（含保管单位、整体结构、存放地点等）的差异等诸多因素。由于认识与把握上述依据或标准的侧重点有差异，出现了对文件运动阶段的多种划分。

（3）研究文件运动各个阶段的关系。文件运动各阶段既相互联系、相互依存，有许多共性；又相互区别、相对独立，有各自的特点与特殊运动规律。

（4）研究文件运动各个阶段的管理方法。对于具有不同特点的各阶段文件，管理和利用工作的方式、方法等必须有的放矢，有所区别。

2. 文件不同运动阶段的主要特点

文件运动的整个过程可以分为三大阶段：现行文件、半现行文件和非现行文件（即档案保管）阶段。

（1）现行文件最突出的特点是现行性，即现实作用最为突出，在现实活动中直接使用的频率最高，与其制发者、保管者和承办者的关系最为密切。此外，它们还具有不同程度的流动性（实际存放地点可变动）、可塑性（可更改或修改、加批语等）和封闭性（一部分文件只能在形成单位内部或收、发文单位之间或特定范围内运转和使用，不得向社会公开或向无关人员扩散，有的文件还包含有国家秘密或商业秘密），以及管理者与其制发者或承办者的同一性等。

（2）半现行文件的基本特点是类现行性、可激活性、中间性和一定程度的内向性。所谓类现行性，是说它们所具有的仍然主要是与现行文件相类似的"对于原机构的原始价值"，即第一价值。其作用范围、作用性质与现行文件比较接近，而根本不同于馆藏档案。所谓可激活性，是说它们还没有转化为严格意义上的"历史记录"，而是处于待命备用的休眠状态，并随时可能经激活而苏醒，从而为现实的生产、经营、工作活动所使用。所谓中间性，亦称过渡性，是指半现行文件正处于一种亦此亦彼、承前启后的中间状态，正处于从高度活跃的现行阶段逐渐向相对稳定的永久保存阶段演变的过渡时期。所谓一定程度的内向性，是指较之现行文件的封闭性，半现行文件的保密要求通常已经降低，可扩散的信息比率已经提高，可扩散的范围已经展开；与此同时，相当一部分半现行文件仍然不能开放，其主要利用者和主要作用范围仍然是形成和保管这些文件的单位或个人。

（3）永久保存阶段的非现行文件即档案馆保存的档案，具有稳定性、历史性与文化性、社会性及开放性等特点。所谓稳定性，是说进入这个阶段的档案已不再具有过渡性，已经完全成熟,多数情况下已不再被淘汰销毁,所以各国普遍称之为"档案",也有的称之为"档案文件"。所谓历史性与文化性,是说永久保存阶段的档案作为历史记录和文化财富的性质已经非常明显和突出。因此,我国规定国家档案馆是"集中管理档案的文化事业机构""科学研究和各方面工作利用档案史料的中心"。所谓社会性,是说它们发挥作用的范围已经远远超出原形成单位或个人,扩展到社会的各有关方面、各有关领域。所谓开放性,是说这个阶段的非密档案已不需要继续保密和封闭,可以而且应该向社会开放。所以,我国《档案法》规定,除另有专门规定者外,"国家档案馆保管的档案,一般应当自形成之日起满三十年向社会开放"。

(三) 文件生命周期理论的产生与演变

经典的文件生命周期理论发源并首先流行于欧美档案学界。美国档案学者菲力浦·C·布鲁克斯于1940年提出"文件生命周期"概念。当时,联邦政府各机关未经严格鉴定,便将大量不同价值的文件推向1934年刚成立的美国国家档案馆,国家档案馆不堪重负,严重影响了进馆档案的质量。为此,由美国档案工作者和历史学者联合组成了一个"辅助检查员小组",协助鉴定政府机关的文件,以确定哪些文件应当进馆。布鲁克斯作为该小组的成员,于1940年向美国档案工作者协会的一次会议提交了一份题为《我们应当保存什么文件》的报告,在报告中提出了上述概念。他还在报告中指出,档案人员应该对文件形成和文件管理给予更多的合理的关怀。探讨文件生命周期即文件(含档案)形成和运动规律的进程从此开始。

第二次世界大战期间,美国政府机关特别是军事机关的文件数量急剧增加。于是,有些机关设立了临时性的文件库,集中保存各机关那些已经不常使用但还不能立即销毁或者立即移交给国家档案馆永久保存的文件。这就是最早的文件中心——一种中间性、过渡性的文件管理机构。在美国,文件中心受到了来自各方面的欢迎和赞赏。对于政府机关而言,文件中心既能满足它查用文件的需要,又能把它从大量非常用文件的管理中解脱出来;就档案馆而言,既可不再担心机关由于缺乏存放地点而随意销毁文件,又可避免过量、过早接收机关文件。文件中心的建立使档案馆有可能进行监控,以保证有永久保存价值的文件最终能够移交给档案馆。

1950年,美国《联邦文件法》授权总务署在国家档案与文件局(该局1984年起脱离总务署,成为与其并列的国家档案与文件署)之下设置联邦文件中心。该中心是介于美国联邦政府机关和国家档案馆之间的一种中间性机构。它负责保管联邦政府机关已经不大使用的半现行文件,为这些文件提供廉价的库房,为移交机关提供利用,并按商定的时间处置文件(销毁或移交给国家档案馆)。

美国国家档案馆第二任馆长索伦·J·巴克总结了文件中心的实践经验,指出文件中心的设置符合文件生命周期的要求，发展了布鲁克斯的思想。

1950 年，英国伦敦大学教授艾利斯在第一届国际档案大会上提出了文件生命过程的"三阶段论"，即把文件生命过程划分为形成、休眠和永久保存三个阶段。首次把文件生命周期理论推向国际档案学术交流的讲台。

经过几十年的发展，特别是 20 世纪 80 年代以来，通过不少国家诸多档案学者的深入、系统探讨与广泛传播，文件生命周期理论在国际范围内逐步成熟。

中国档案界在自己的工作实践和理论探索过程中，也与外国同行基本同步（甚至有所超前）地发现了相关的运动规律，提出了相近似的理论。

二、文件连续体理论

文件生命周期理论的核心内容，是对文件的线性运动过程及其阶段、规律、特点和相应管理要求的概括和描述。但文件不仅存在线性运动，它的运动又是多维、反复和连续进行的，于是便有了应运而生的文件连续体理论。

（一）文件连续体理论的形成

文件连续体理论的形成过程与电子档案在文件管理活动中地位的上升并日趋重要是同步的。该项理论的思想萌芽最早可以追溯至澳大利亚档案学者伊恩·麦克莱恩（Lan Maclan）在 20 世纪中叶的观点。加拿大档案学者杰伊·阿瑟顿（Jay Aihrton）则在 1985 年的加拿大档案工作者年会上详细阐述了文件连续体概念。他认为，文件的所有阶段都是相互关联的，文件工作者和档案工作者在不同程度上都要介入被记录信息的管理。他同时指出，人们假设文件要经过的生命周期阶段，事实上是文件管理和档案管理间一系列不断再现和重复的活动，阿瑟顿所阐述的文件连续体概念克服了生命周期模式一定程度上将文件管理与档案管理相互分离的弱点，事实上强调了二者之间的联系因素即潜在的一体化因素。20 世纪 90 年代，澳大利亚档案学者厄普奥德（Upward）构建了文件连续体模式，并提出了文件连续体管理的思想方法。他和苏·迈克米希（Su Mckmmish）以及英国的费林（Flynn）等档案学者的研究使文件连续体理论基本成型。在他们看来，文件生命周期理论描述的文件运动过程阶段性太过分明，难以适应电子档案的特点，因此需要将文件的运动过程视为一个连续统一体。在 1996 年出版的澳大利亚国家档案标准中对"文件连续体"是这样定义的："从文件形成（包括形成前，文件管理系统的设计）到文件作为档案保存和利用的管理全过程中连贯一致的管理方式。"这一定义体现了对文件形成、保存与长久利用全过程实施一体化管理的理念。连续体理论的名称正由此而来。

（二）文件连续体理论的内容

文件连续体理论的重要内容是，构建了一个多维坐标体系来描述文件的运动过程。文件运动过程的多维坐标体系包括四个坐标轴——文件保管形式轴、价值表现轴、业务活动轴和形成者轴。其中文件保管形式是核心轴，因为它的变化带动了其他坐标轴的相应变化。文件连续体理论通过描述文件保管形式轴上四个坐标的变化，引发形成者轴、业务活动轴和价值表现轴上特定坐标的相应变化，揭示出文件的四维运动过程。四维的文件保管形式依次是单份文件、案卷、全宗和全宗集合。每种保管形式对应的形成者、业务活动和价值形式分别是：①单份文件对应具体的个人、具体的行为及其行为轨迹；②案卷对应内部机构、包含若干行为的一项活动及其活动凭证；③全宗对应独立单位、特定职能和机构（即独立单位）记忆；④全宗集合对应整个社会、社会意志和社会记忆。

因此，文件连续体理论更注重文件运动的连续性、非线性和时代性，注重行为者和文件，特别是行为者和生成文件的活动与环境之间的互动，更注意电子档案运动过程无明显分界标志的现象。

（三）文件连续体理论与生命周期理论的关系

在我国档案学界，对于文件连续体理论与文件生命周期理论两者的关系主要有两种观点。

第一种观点是连续体理论是生命周期理论的补充与发展。有学者认为，文件连续体理论是文件生命周期理论在电子档案时代的补充和发展。较之文件生命周期理论，文件连续体理论的进步之处可以归结为四点：①连续体理论选取的独特研究视角是文件保管形式与业务活动和业务环境的互动，考察的是文件从最小保管单位直到组成最大保管单位的运动过程和规律；②连续体理论将文件置身于一个多元时空范围，运用立体的、多维的研究方法，全方位地考察文件运动过程及其规律，可以更准确地描述电子档案运动的复杂状态；③连续体理论更多地突出文件运动的连续性和整体性，将文件视为一个无须明确分割的连续统一体，这准确地揭示了电子档案各阶段界限日趋模糊、联系却越发明显的运动特点，因而适用范围更广、生命力更强；④连续体理论直面电子档案阶段界限日益模糊的现实，不再要求各阶段相关因素的机械对应，从而更好地顺应了电子档案时代的发展要求。

而且相比较于欧美国家，我国的文件生命周期理论研究要深入得多，我国学者对它进行了档案学的"洗礼"，使之成为档案学的特色理论之一，同时又将它与全宗理论、档案价值鉴定理论"三位一体"于文件运动规律研究之中，成为档案学的理论核心。因而，这种理论研究的广度与深度，使得我国的文件生命周期理论研究也有可能如同欧美的文件连续体理论，成长为文件管理理论的"高级形式"，在电子档案管理时代仍然能够发挥指导作用。

第二种观点是"文件连续体"理论更具优势。这类学者认为，文件连续体模式在管理电子档案方面具有生命周期模式不可比拟的优势。用连续体以目的为导向的系统方法管理文件从根本上改变了文件保管者的角色。文件保管者不再是被动等待，在文件形成后才管理文件，而是主动超前地同其他保管者一起共同确定机构活动需要保管哪些文件，然后纳入事务活动体系进行管理。该体系经设计具有保管文件的能力，文件一旦形成，体系就能够捕获其中具有凭证特性的文件并纳入保管体系保存。应该强调文件连续体模式作为电子档案最优化管理模式的重要性，其目的是增进人们对文件管理的关心，提高管理效率和满足用户需求。相对于文件生命周期理论，文件连续体理论应该更符合文件管理理论高级阶段的表现特性。

三、中国式文件运动理论

（一）中国式文件运动理论体系的产生

事实上，早在20世纪三四十年代，我国档案界就已经涉足关于文件运动规律的研究，中华人民共和国档案事业的开拓者曾三先生和吴宝康教授都对档案自然形成规律的有所研究，吴宝康教授对"文件与档案管理一体化"问题的论述和宝荣、陈兆祦两位教授对"档案发挥作用规律性"的总结，以及吴宝康教授主编的《档案学概论》对"实现档案价值规律性"的概括等，都是早期我国对于文件运动规律的研究成果。

最早在我国明确提出文件运动规律这一概念的，是20世纪90年代浙江大学信息资源管理研究所的何嘉荪教授及其研究生傅荣校。1991年，何嘉荪教授提出的对文件运动规律进行全方位研究的课题被正式列入浙江省社会科学研究"八五"规划，自此，一场从文件运动的角度，将档案学的三大基础理论（文件生命周期理论、全宗理论和价值理论）汇合在一起进行较为系统的研究便逐步展开，一股对文件运动规律进行研究的热潮在国内悄然兴起。

这里所论及的中国式文件运动理论体系的构建，是指20世纪90年代以来由中国档案学者何嘉荪、傅荣校发起，其他档案学者如潘连根、吴品才、邹吉辉等积极参与探讨的，以中外文件生命周期理论、文件连续体理论为基础的，正在构建中的关于文件运动过程及其规律的理论，其中主要涉及对文件运动多样性的探讨。

1. "跳跃"与"回流"论及其模型

文件生命周期理论的核心内容是概括和描述文件的线性运动过程及其运动的整体性、阶段性和各个运动阶段的管理要求。何嘉荪、潘连根先生认为，文件在按照生命周期理论进行线性运动的同时，会由于一些特殊的情况出现一些超出常规的运动形式，他们把这称作是文件运动的特殊形式——"跳跃"与"回流"。他们认为，文件运动的主流是从"设计制作形成"，到"现行""暂存"，最后进入"历史"阶段的顺向运动。但是，在文件顺向的运动中，有时会发生某些文件跳过某一运动阶段而直接进入后面几个运动阶段的现象，他们将其称之为文件运动的"跳跃"形式；而某些文件会作逆向的运动，他们把这称之为文件运动的"回流"形式。

2. "横向运动"论

在对何嘉荪、潘连根两位先生的观点提出质疑的同时，吴品才先生也构建了自己关于文件运动规律的模型。他将文件运动分为纵向与横向两种。文件的纵向运动主要是指文件生命周期理论所描述的文件的线性运动，文件横向运动要针对的是科技文件运动过程中的现实使用、修改等问题。吴品才认为，科技档案转化为现行科技文件后呈现出的价值形态是科技档案现行价值的本质呈现。只不过这种转化是在先后开展的两个不同且又相关的科技活动间进行的。而文件运动的回流实质是文件横向运动的发生。实际上，文件横向运动是在文件纵向运动的基础之上进行的，没有文件纵向运动，便无所谓文件横向运动，并且，文件横向运动的发生实质是又一新的文件纵向运动的开始，文件横向运动的揭示实质就是文件多维运动的揭示，文件运动形式虽然是多样的，但文件运动状态却是有限的。文件纵向运动虽然只是文件运动的一种形式，但它却已经展示了文件运动的全部状态。

3. "螺旋式运动"论

攀枝花学院的邹吉辉先生强调，文件运动具有多样性和不平衡的特点。"文件—档案"的转化和"档案—文件"的转化共同构成了"文件—档案—文件—档案"螺旋式发展的运动过程。他认为，文件（档案）作为一种客观存在物，它与所有的客观事物一样，总是在一定条件下按照一定规律阶段性、螺旋式地向前发展变化的。其阶段性表现为文件（档案）运动的周期性，这一部分规律已有文件生命周期理论作出了科学的概括。其螺旋式则表现为文件运动周期的连续性与循环性。

（二）中国式文件运动理论的实践

关于中国式文件运动理论的实践，这里主要从运用该理论考察科技档案更改实践的角度加以研究。有以下几种情况值得注意。

第一，我国大量的科技档案，实际上仍处于文件的现行期或半现行期，对它们的更改和补充，其实是针对现行文件和半现行文件的。这里还牵涉一个档案观问题。我国的现行规定和主流意见是把归档作为文件转化为档案的关节点、转折点。而美国等一些国家的档案工作者则把文件管理阶段或称文件的"有效期"一直延伸到文件的半现行阶段结束之时，进档案馆永久保存之前，换言之，进入永久保存阶段之前的文件仍不是完全意义上的档案。这就是文件生命周期理论美英流派的观点。我们认为，在科技档案更改问题上，不妨认同美英流派的档案观。这样，不少"科技档案"的更改，就转化成了对现行文件的更改，就不称其为问题了。

至于半现行科技文件的更改问题，则可从科技文件（档案）与管理性文件（文书档案）的差异中去考察。科技档案与文书档案相比，它的显著特征是具有很强的现实性、动态性和记录对象的实存性。这是因为，一方面，科技活动不断发展，静态的科技档案内容难以反映科技活动的动态变化。另一方面，科技档案的产生、积累、形成是一个动态的、不断完善的过程。尤需强调的是，科技档案的记录对象包含现实存在的物质实体，如建筑物、设备、产品等，这些物质实体的变化，应该在科技档案中记录和反映出来，即科技档案的内容必须与记录对象的现状相一致。因此，科技档案对准确性、真实性要求与文书档案有很大的不同。

就同处于文件运动半现行阶段的两种档案而言，文书档案的准确性标准只有一个，即历史标准。只要能够真实地反映管理性活动的历史面貌，其档案就是准确的。而科技档案却不然，科技档案的准确性有两个标准：历史标准和现实标准。也就是说，"科技档案不仅要反映一定条件下科学技术或科技对象的历史面貌，而且要反映它们的现实状况，使科技档案同它们反映的科技活动保持一致"。因此，作为文书档案前身的管理性文件归档后绝对不允许修改，否则就会失去档案的真实性，失去档案凭证和依据作用的基础。而科技档案只要符合制度要求，经过一定的批准手续，不但允许更改，而且必须更改，才能保证科技档案的准确性。假如基建档案只反映建筑物在施工时或设计时的情况，而不能随着建筑物的变化而修改、补充自己的内容，那么这套基建档案就会失真，也就失去了它在该建筑物的使用、维护、改建、扩建和维护中的凭证依据作用。总之，对科技档案进行必要的修改和补充不仅维护了科技活动的真实历史面目，而且有利于科技活动的进一步展开。

第二，科技档案中也存在文件"回流"现象。例如，一些已停产数年的产品，经改进和改型后重新投产，可以补充新图，但原图已无价值。则可直接在原图上更改。又如，一些已废弃数年的房屋，需改造后重新启用，也可采用补充新图或更改原图的办法去处理。这些都可视为对重新"回流"到现行阶段的科技文件进行更改或补充。这与房地产权属档案的异动管理十分类似，房屋变更或权属变更了，可对相关权属档案进行增补和变更，失去一定有效性的档案文件则转作"参考卷"。

第三，科技档案的"横向运动"和"螺旋式"运动。例如，老项目的或通用的设计图、施工图，经复制、更改或补充后，用在新产品的生产或新建设项目的施工中。如原图已无保存价值，一轮周期已结束，则重新制作的新图或更改后的图纸开始了新一轮生命周期，进入了新一轮螺旋式的上升运动。如原图仍需继续保存，则新图便开始了横向运动。

四、全程管理理念

（一）全程管理理念的传播

随着电子档案时代的到来，出现了前端控制、全程管理等先进的管理理念，这些理念蕴含着巨大的理论与实践价值。

通过前面的探讨可以看到，无论是文件生命周期理论，还是文件连续体理论（Theory of Records Continuum），抑或是中国学者正在构建的文件运动理论，都从一定角度强调了全程管理理念。我们知道，文件从产生到销毁或最终转化为档案是一个完整的运动过程。随着电子时代的到来，电子档案的特点，包括其各阶段之间界限日趋模糊的运动特点，使得文件与档案之间的界限越发得不明显，全程管理理念对于电子档案从产生到永久保存或销毁的整个生命周期的管理和监控更显得十分的必要。

1994 年至 1997 年，加拿大不列颠哥伦比亚大学和美国国防部在关于电子档案真实性的联合研究项目中提出了电子档案全程管理的框架模式。在数字化时代中，电子档案与电子档案的界限不再显而易见，文书人员与档案人员的界限也不再泾渭分明，全程管理的电子档案管理理念更是得到进一步的传播。中国人民大学的王健教授在她主编的《电子时代机构核心信息资源管理——OA 环境中的文件、档案一体化管理战略》中提到，全程管理思想对电子档案的应用价值主要体现在三个方面。

一是对电子档案实行全面管理。所谓全面，就是要以电子档案的运动流程为基础，对电子档案的管理目标、管理规则和管理方法进行设计，建立一个涵盖电子档案全部管理活动的管理体系。

二是对电子档案实行系统管理。就是指在"大文件"概念基础上，对电子档案运动过程中的所有管理活动和管理要素给予系统的考虑，"突出各项管理内容的无缝链接、系统整合和总体效应"。

三是对电子档案实行过程管理，包括对电子档案的生成、运转、保管和利用过程实施全面监控。在过程管理中，将所有有助于说明电子档案重要属性和有效管理过程的信息都记录在案，以证实电子档案的运转状况，确保电子档案的管理质量。

还应该指出的是，这里所强调的全程管理理念实质上包含了前端控制的思想。在实行全程管理的过程中，档案人员必须从源头对电子档案进行前端控制，以保证电子档案的完整、真实和可靠；必须从文件产生形成乃至系统设计的时候就对其进行控制，以保证今后有机会成为档案的电子档案的质量。同时也能够从最大限度上保证现行期的电子档案的真实性。

（二）"两个一体化"

强调全程管理，实质就是强调文档一体化。早在20世纪90年代，我国的档案学者就提出了"文档一体化""图、情、档一体化"的理念。全程管理强调将文件工作与档案工作统筹兼顾，协同管理，以期发挥各自及总体的最大效能。这一现代化的管理模式就是文件、档案一体化管理的模式。它不仅要求档案工作者关注文件的形成过程，介入文件工作之中，同时也要求文书人员了解档案工作的特性与需求，在文件工作中协同管理、奠定良好的基础甚至完成原本属于档案工作的一些环节。随着技术的进步和时代的发展，"两个一体化"的思想在电子档案时代得到了更进一步的充实和发展。黄存勋等人所著的《文档一体化——网络时代的文件与档案管理》，从各个角度介绍了网络时代文档工作一体化的新发展，同时也论述了文档一体化与文献信息一体化（即通常所谓图书、情报、档案工作一体化，或称多种信息资源管理一体化）在这样一个时代背景和社会环境之下必然要求同步进行的观点。

社会信息化是文档一体化的背景和前提。文件与档案工作的信息化是国家信息化、社会信息化的重要内容。在网络化、一体化的国家信息系统中，各级各类文档一体化信息系统应该成为相应的多种信息资源管理一体化系统的子系统，成为相应内部网、局域网和国际互联网的子系统，应该是一个多维立体的开放的信息系统。当然，这里的开放是以确保国家秘密、商业秘密和其他不宜公开的内部事项不被泄露为前提的开放。就管理的对象而言，数字化将成为"两个一体化"系统中文献与信息共有的普遍生存方式。虽然现在实行的双套制从目前来说有其存在的必然性，但从长远趋势来看，全部档案的双套制是否有可能向重点双套制演变呢？一部分纸质档案是否有可能被缩微档案取代从而形成光盘与缩微并存的双套制呢？数字化是否最终将成为文件与档案的主要生存方式呢？这些都值得我们深思，需要我们未雨绸缪。就管理手段而言，以计算机技术和网络通信技术为核心的现代信息技术，将成为"两个一体化"系统共用的技术手段。文档一体化对现代信息技术的广泛应用，将促使文件与档案管理理念和方法发生深刻变革。

第二节 基于档案资源理念的档案整理与鉴定理论

一、国家档案资源整合论

国家档案资源是在一个国家范围内，过去、现在和将来，所有组织（含国家机构和其他社会组织）和个人形成的，对国家和社会有保存价值的档案的总和。这个定义大体上与戴志强先生在《国家档案资源整合的含义及其运作机制探讨》[①] 一文中所下的定义相一致，略有调整。之所以要在此重提该定义，是因为笔者认为，对于该定义的理解，或者说，对于国家档案资源理念的阐释，还有一些需要深入探讨的问题。进一步讲，这种探讨同档案事业管理体制的改革与创新，有非常密切的联系。

国家档案资源整合是指在一个国家范围内，经过统筹规划之下的收集、整理、鉴定与多元组合，使全部对国家和社会有保存价值的档案资源，形成一个结构合理、配置优化的信息系统，以适应全社会的利用需求。在我国，这种整合是在档案工作"统一领导，分级管理"的体制下实施的。在档案信息化和政府信息、公共信息公开的背景之下，整合不仅是针对档案实体，更是针对数字化档案信息的，是与数字档案馆建设和公共档案馆建设同步进行的。[②]

（一）国家档案资源整合的基本目标

国家档案资源整合的基本目标是结构合理与配置优化。

所谓结构合理，主要是指档案馆、室等档案保管机构的收藏结构，尤其是国家档案馆的馆藏结构要合理。从来源看，不仅要收藏党政机关的档案，还应该关注其他社会组织，尤其是在社会生活中具有重要地位的企业和公共事业单位的档案；从档案所有权看，不仅要收藏国有档案，还应该关注丰富多彩的非国家所有但对国家和社会有保存价值的档案。从内容看，不仅要收藏反映机关工作、管理活动，记录宏观数据的档案，还应该关注贴近百姓生活、记录微观数据的档案。从档案门类看，不仅要收藏文书档案，还应该关注科技档案和各类专门档案。从载体形态看，不仅要收藏纸质档案，更应该关注特殊载体和新型载体档案，尤其是归档电子档案。

所谓配置优化，一是指馆网结构的合理布局及相关档案馆接收范围的统筹规划，合理调整，多种档案保管机构的合理布局；二是要进一步健全完善和严格执行各单位内部的归档制度，巩固档案室等内部档案机构作为本单位档案资源法定流向的地位，依法查处部门或个人拒绝归档的问题；三是要确保各有关单位的档案按期保质保量地向国家档案馆移交，依法查处擅自截留或到期拒不移交重要档案的问题；四是要加强数字化的档案检索系统和已开放档案的全文数据库建设，在馆际互联和档案信息多元组合的基础上，逐步推进数字档案馆建设，逐步形成全国性的档案资源信息系统。

（二）整合国家档案资源的原则

整合国家档案资源要坚持系统性、有效性、共享性原则。所谓系统性原则是指要把形成于方方面面的国家档案资源整合起来，使之成为有机的整体；所谓有效性原则是指整合

---

①② 戴志强. 国家档案资源整合的涵义及其运作机制探讨 [J]. 档案学通讯，2003（2）：76-79.

起来的档案资源应该是对国家和社会有保存价值的，或者说必须通过整合提高效用，降低保管成本；所谓共享性原则是指在制度上和技术上便于全社会的共享。

此外，整合国家档案资源需要逐步建构依法调控机制、互动多赢机制、科技保障机制和理论导向机制等，这样才能确保整合工作的顺利开展。

二、档案事业全方位管理理论

国家档案资源建设应该是多维、立体、全方位的。因此，档案行政管理部门对档案事业的管理也应该是全面实施与分门别类相结合的。国家档案资源理念为依法治档，依法开展档案行政工作，创新档案行政管理体制提供了可行的准则，有利于对档案事业实施全方位管理。

（一）档案行政工作范围的拓展

各级档案行政管理部门在继续依法管理同级国家机构和本行政区域内国有企业，事业单位档案工作的同时，还必须依法监管所属区域内一切非国有社会组织乃至某些个人的档案工作。非国有档案的数量和它在国家档案资源整体中所占的比例已经很高，并且正与日俱增。这部分档案对国家和社会所具有的重要价值也日益凸显，而这部分档案的管理状况却是令人忧虑的。因此，必须加强对非国有社会组织和个人档案工作的监管。

对非国有档案工作的监管至少应包括以下方面：

第一，依法实施登记、审批、指导、监督和检查等必要的监控措施，全面了解相关档案的形成和管理状况；

第二，在发现相关档案收集不齐、保管不善，甚至可能导致档案严重损毁或出现其他不安全因素时，责令有关单位和个人限期整改；

第三，对于拒绝整改或到期整改不合格的，依法采取必要的强制性或限制性措施，包括委托公共档案馆或档案中介机构代管、收购、征购等；

第四，对于非国有社会组织和个人违反《档案法》和相关法规的行为，包括因违法或违反有关规定而导致其所拥有的"对国家和社会有保存价值"的档案损毁的行为，给予行政处罚。

（二）档案行政工作思路的调整

在对非国有领域的档案工作进行监管时，要坚持以服务和引导为主，保护（对国家和社会有保存价值的）档案为主的思路。有关部门要多做些宣传、教育、培训、咨询，经验推广、典型引路、代管代办一类服务性、引导性工作。只要相关组织和个人的行为不违法，不损害国家档案资源的完整与安全，就要避免对他们的具体管理方法过度行政干预。

过多指手画脚。换言之，对非国有领域档案工作的监管，应着眼于国家档案资源建设的大局，保护国家档案资源完整与安全的大局，充分尊重档案所有者对档案的所有权、管理权、处置权和使用权，而不能照搬对国有单位档案工作的管理方法，尤其不要套用达标升级或变相达标升级一类有较多形式主义弊端的老办法，即使对国有单位档案工作的监管，也应该逐步调整到以行政执法为辅，以服务和引导为主的轨道上来。

（三）档案行政工作属地管理原则的强化

我国《档案法》第六条和《档案法实施办法》第八条，都对县以上各级档案行政管理部门按照属地管理原则，依法主管本行政区域内的档案事业，并对本行政区域内各类社会组织的档案工作实行监督和指导有明确规定。但在实际工作中，对于一些驻在地方的大型、特大型企事业单位的档案工作，地方档案行政管理部门往往监管不力，甚至不知道这些单位的档案工作地方该不该管，应归哪一级管。

在社会主义市场经济体制已经基本建立和政治文明建设正在稳步推进的今天，企事业单位与行政级别挂钩的"官本位"模式正在逐步弱化，这就为档案行政工作属地管理原则的实施准备了基本的社会条件。强化属地管理原则，加强对驻在地方的大型、特大型企业、事业单位档案工作的监管，并以法规、规章等形式进一步明确和细化档案行政管理部门在这方面的权限，现在正当其时。

应该清醒地看到，如果对非国有单位和大型、特大型国有企事业单位的档案工作监管不力，我们的国家档案资源建设就只能是片面的、狭隘的，就不可能有真正的国家规模。总之，档案事业管理体制的变革与创新，是从宏观层面上加强国家档案资源建设的必然要求。

三、新来源观与档案管理的再现历史联系原则

"新来源观"使得来源原则显得更加概念化和抽象化，内涵也更加丰富。它对现代文件和档案管理的整理著录、检索、鉴定等都有着更为广泛的理论和实践价值。

（一）新来源观的价值

"新来源观"作为传统来源原则在电子档案时代的发展创新和完善丰富，对现代档案文件管理具有重要的、更广泛的理论指导意义和实践应用价值。

1. 在整理著录领域

"新来源观"将为判断全宗、划分管理单元提供客观依据，有效解决电子档案时代某些文件档案难以区分全宗的问题。"新来源观"将著录的内容扩充为文件的内容信息，以及形成过程和背景信息，使得著录内容更加齐全完整，这对保证电子档案的完整性、真实

性、可靠性、长期可读性和可理解性，确认电子档案的证据价值有着不可替代的重要作用，这种著录方式显然有别于仅考虑情报检索需要的传统著录。"新来源观"应用于著录领域，也要求文件著录从文件形成时开始，贯穿于文件的整个生命周期。全面、完整、客观描述文件形成过程和背景的诸多相关信息，这种动态性、全程性的著录与文件进馆后才进行的传统著录迥然不同。

2. 在检索领域

由于文件著录内容更加齐全丰富，包括文件的内容信息、形成机关、形成目的、形成活动和过程、处理程序和职能范围等，从而提供了多种检索途径，用户也就能更容易查找相关信息。此外，著录语言也与用户的查询语言相一致，用户不需要掌握特别的检索语言和方法就能比较便捷、准确地搜索到所需文件信息。

3. 在鉴定领域

在鉴定领域中出现的"社会分析与职能鉴定论""文献战略"和"宏观鉴定战略"等"新职能鉴定论"，融合了"新来源观"思想，突出显示了"新来源观"对档案鉴定理论、方法，以及档案鉴定实践的重要指导地位。

德国档案学者汉斯·布姆斯在提出"社会分析与职能鉴定论"时指出，档案鉴定应从复杂的社会价值、问题或趋势转变为由文件形成者职能显示出来的文件来源，并认为这就是为什么来源必须是档案鉴定永恒的基本原则的原因所在，从而肯定了来源原则在鉴定领域中的重要地位。美国档案学者塞穆尔斯在"文献战略"中强调，档案鉴定应分析文件产生的背景，只有将鉴定的着眼点从形成机关的组织结构转向形成机关的职能，才能准确地判断档案文件的价值。特里·库克认为，档案鉴定方法应置于一种以文件前后关系为基础，以来源为中心的框架之中，而不是置于以内容为基础的历史文献框架之中。他针对电子档案鉴定提出的"后保管模式"档案鉴定方法，就是以职能活动为依据的宏观鉴定法。他认为，电子档案鉴定应分析文件的形成过程，分析文件产生的业务、职能、活动、事务处理和工作流程，鉴定形成者的主要职能、计划和活动等。这种鉴定理论充分反映并肯定了"新来源观"在电子档案鉴定领域中的运用。

来源原则在丰富、发展和逐步完善的历史过程中，虽然一次次面临着严峻挑战，但是它在经过一次次冲击与修正之后，其理论内涵得到了深化与丰富，其适用范围得到了拓展，显示出更加强大的生命力。在文件和档案的整理，乃至收集、鉴定、编目、检索利用等一系列工作中，都必须坚持和尊重来源原则。即使在信息化、数字化、网络化背景下的文件和档案管理，同样必须始终坚持来源原则。因此，只要还存在文件和档案及其管理，来源原则就始终是档案整理的至上原则。

(二) 再现历史联系原则

档案是历史的原始记录，它直接记录了各类社会组织和个人的社会活动过程，因此，它是一种极其重要的历史凭证，对人们维护自身权益、了解历史事实等有着不可替代的作用。档案如果不完整、不系统，档案所固有的历史联系如果被破坏，不仅无法满足社会的利用需求，不利于人们了解历史，甚至意味着相关历史的缺失，只有尊重历史、尊重客观事实，维护档案的历史联系，才能保障所管理的档案反映历史的真实面貌，保障其历史凭证价值。因此，档案管理活动必须遵循历史主义，亦即再现历史联系的原则。反映在档案管理理论上，再现历史联系的要求贯穿于来源原则、全宗理论、文件生命周期理论、档案鉴定理论等档案专业基本理论之中，坚持历史主义、再现历史联系是档案管理理论的灵魂与核心原则。

一方面，再现历史联系原则在来源原则等理论中的体现。从实质上讲，来源原则是对历史、对文件来源（包括形成者与形成过程）、对文件之间原有联系的尊重。因此，既可以把来源原则理解为历史主义，也可以把来源原则理解为对广义的来源联系的尊重、揭示与保持。颇有意味的是，在意大利语中，来源原则一词为"Mtodostrocico"，直译为"历史的方法"。来源原则的各种存在形式，从法国的尊重全宗原则、普鲁士的登记室原则、荷兰手册的系统论证、苏联的档案全宗理论体系、布伦内克的自由来源原则、英美的档案组合与文件组合思想，到电子档案时代的"新来源观"等，无不坚持了尊重、维护、保持与再现历史联系的内核与精神。来源原则、全宗理论的核心就是尊重和维护客观事物的来源联系，主要依据来源联系对档案进行整理、分类、著录和鉴定，而广义的来源联系就是多维历史联系。

另一方面，再现历史联系原则在档案鉴定工作中的运用。档案鉴定工作的目标，不仅是要剔除无须保存的档案，做到精简高效，更是要使所留存的档案能全面、真实地反映历史的本来面貌。再现历史联系的原则在档案鉴定理论和实践中的重要性不言而喻。在苏联档案鉴定工作的四项原则中，第一条就是历史主义原则，即要求鉴定者必须把每份文件看作是一定历史时代的产物，从历史的角度进行评价。我国档案鉴定工作也强调采用历史的观点，尊重历史，将档案置于它形成之时的历史环境、历史条件中进行考察分析。获得旺盛生命力的档案鉴定理论，往往总是融合了历史主义思想，且必须尊重档案价值的特点与变化规律。近年来，备受推崇的新职能鉴定论便是明证，它认为档案应体现文件形成的相互联系，档案价值取决于社会结构，通过社会职能得以体现。

总之，始终坚持历史主义，坚持再现历史联系的原则，是档案管理理论获得社会肯定和不断发展完善的根本原因所在，也是档案学能从容面对当前和未来各种挑战的"引航标"。

四、新职能鉴定论

新职能鉴定论是对传统档案鉴定理论与方法的重大革新，它强调档案价值取决于社会结构，通过社会职能得以体现，将档案鉴定工作置于广阔的社会背景之下，拓宽了档案鉴定理论研究的视角，不仅具有简便快捷、效率高的优点，而且实现了鉴定工作从滞后到超前的突破，能满足对电子档案进行前端鉴定的要求，对于保证电子档案的齐全完整有着非同寻常的意义。

20世纪二三十年代，波兰档案学者卡林斯基发展了迈斯奈尔鉴定理论中已蕴涵的职能鉴定思想，提出了更具操作性的鉴定理论，认为档案文件的价值取决于文件形成机关在政府机构等级体系中的地位和职能，即应根据文件形成机关在政府机构体系中的地位高低和职能重要性，来确定档案文件的价值及保管期限。卡林斯基还进一步指出：总体而言，档案文件的价值大小和保管期限的长短与其形成机关的等级地位高低和职能重要性成正比关系。

卡林斯基推动了档案鉴定理论的进一步发展，促使鉴定指导思想与方法论从被动销毁档案转变为主动按档案价值决定留存，具有重要的意义。他对档案文件价值与其形成机关的等级地位、职能关系的分析，也具有一定的科学性。然而，职能鉴定论也存在着明显的不足，仅凭文件形成机关的等级地位和职能来判断档案文件的价值显得过于武断、片面，可能会导致人类社会历史记忆的残缺不全。此外，卡林斯基和迈斯奈尔、詹金逊一样，他们的档案文件价值观都是狭隘的、片面的，都没有充分考虑档案文件客体自身属性与形成和利用主体需求的相互关系。

（一）新职能鉴定论的构成

"新职能鉴定论"是一个统称，它主要包括"社会分析与职能鉴定论""文献战略"和"宏观鉴定战略"。尽管三者的内涵有所差异，但是它们的核心思想都是相同的：档案记录社会，档案价值应该依据社会大背景下的文件形成者的职能来判断。

1. 社会分析与职能鉴定论

社会分析与职能鉴定论是由德国档案学者汉斯·布姆斯提出的，其核心是以文件形成者职能来体现社会价值。布姆斯在20世纪60年代末70年代初指出，社会应确定其自身价值，档案文件必须如实地反映这些价值，档案价值既不取决于詹金逊所说的行政官员，也不取决于谢伦伯格所说的历史学家，而是取决于人民大众，档案价值的确定则是通过对社会公共舆论的研究来实现的。后来，布姆斯认识到这种方法不切实际而不具备可操作性，于是对原有的理论进行了修正。他在1991年时指出，选为档案的文件应该体现文件产生时期的社会价值。社会价值最好应间接地通过了解那些为实现社会需求和愿望的重要文件形成者的职能来判断。布姆斯认为,档案人员需要对文件形成者职能进行有效分析,以便将利用需求与文件自身联系起来。按照这种方法,对档案文件的鉴定应从复杂的社会价值、问题或趋势转变为由文件形成者职能显示出的广义文件来源,鉴定标准更加明确具体且可操作性也大大增强。

2. 文献战略

文献战略思想产生于20世纪80年代中期,它的核心思想是,鉴定应以文件形成机构的职能为依据。文献战略的提出,在很大程度上源于对当时以历史价值为基础的传统鉴定方法的不满。美国学者海伦·塞缪尔斯起初认为,档案鉴定应该围绕某一正在进行的主题、业务活动或地域制定鉴定方案,以文件的主题作为主要鉴定标准。但是缺乏恰当确定主题的方法以及适用范围窄,后来塞缪尔斯通过对机构职能的分析,提出了与"宏观鉴定战略"类似的鉴定方法。她认为,为了公正和恰当地记录社会,档案人员需要知道哪些文件是由重要的机构形成的,或者记载的是重大社会现象。这要求他们对形成者的目标和职能结构进行深入研究。换言之,档案鉴定应该立足于文件形成者的职能与社会活动。

然而,文献战略并不适合用于鉴定政府或机构的文件,而只适合于鉴定个人手稿和非法人文件,只是对前者的一种补充。

3. 宏观鉴定战略

以休-泰勒、特里·库克等为代表的后保管模式倡导者们认为,方式,即按文件形成者及其职能归类成批鉴定。这种鉴定对象由具体到宏观,鉴定方式由繁杂到简单,鉴定重点由文件实体转向文件形成者及其职能的革新,可以改善逐份逐页审查文件的繁杂操作,大大减少了鉴定工作量,使鉴定方法更加简明扼要,方便实用,从而提高工作效率。同时,"新职能鉴定论"使档案鉴定工作实现了从滞后到超前的突破,实现了对电子档案的前端鉴定,对于保证归档电子档案的完整准确有着重要意义。它在电子档案前端鉴定中的作用已为多数人所肯定。

(二) 对新职能鉴定的评价

一方面,要充分肯定它的理论和实践意义。因为文件形成者在社会结构中所处的地位及所扮演角色的重要性,形成文件的职能或项目在社会活动中所处地位或所发挥作用的重要性,归根结底,会对档案价值具有重要的甚至是决定性的作用。

另一方面,对于提前到系统设计阶段进行的电子档案前端鉴定而言,由于具体文件尚未产生,也只能根据职能事先设定相关文件的价值。新职能鉴定论可能带来简单化,片面性和一刀切问题。新职能鉴定论毕竟是一个尚待进一步完善的理论,其立论的基础尚不严密，且未提供切实有效的职能分析方法，因此，它并不一定适用于鉴定各种类型的档案和档案鉴定工作的各个不同阶段。

五、档案鉴定理论的整合与深化

要解决库藏档案数量急剧增加，档案鉴定滞后于社会发展和其他档案管理环节的问题，要使档案鉴定工作尽快地步入良性循环，必须对现有的理论、方法、标准进行整合。

（一）间接鉴定法的相关理论

间接鉴定法以"新职能鉴定论"为主要理论依据。该理论的基本思想是：档案应体现文件之间业已形成的相互联系。档案价值取决于社会结构，通过社会职能得以体现。"新职能鉴定论"有它的深刻和独到之处：首先，这种理论把档案鉴定提升到了广阔的社会背景之下，鉴定的着眼点不再是具体文件，也不再是文件的内容，而是文件所从属的职能、任务或活动。其次，这种理论体现在方法上，是一种前端控制和批量进行的间接鉴定法，有简便易行、效率较高的特点。由于它适应了电子档案大量出现的情况，为中外许多档案学者所认同。但是，这种理论与方法的弊端也是显而易见的，主要表现在：就方法而言，因其是一种间接鉴定法，故无法对文件的具体情况进行微观分析，可能导致鉴定中的简单化、片面性和一刀切；就理论而言，某种职能本身如何定位，即如何确定其重要程度或社会意义，甚至可能比内容分析更复杂，更困难。因此，"新职能鉴定论"与间接鉴定法主要适用于前端鉴定，对于多次的后续鉴定，我们还需同时借助其他鉴定理论与方法。

（二）直接鉴定法的相关理论

直接鉴定法以认可关系价值论的客体属性决定论为主要理论依据。该理论的基本思想是：档案价值关系由主客体两个方面构成，其中，客体即档案自身的状况及其属性对档案价值起决定作用，主体需求则只对档案价值有制约作用。与这种理论相连接的直接鉴定法，要求直接对档案文件的内容、形成过程（含档案所从属的职能或项目等）、形成者和其他因素进行具体分析，能全面把握档案自身状况及其属性，因此，其鉴定结论相对来说比较准确、全面、中肯。在档案价值的微观鉴定、后续鉴定（包括归档鉴定、进馆鉴定、分级鉴定、期满鉴定和开放鉴定）中发挥着重要的作用。但它也存在着一定的不足，主要表现在：它往往偏重于分析单份文件、单个案卷的价值，却可能忽略单份文件或单个案卷的保存与销毁对相关全宗、相关馆（室）库藏，乃至整个国家档案资源建设的影响，难以从宏观层次即全社会或档案馆整体的视角去把握；逐卷逐件逐页地审阅和处置档案，效率较低；它还是一种滞后的鉴定，不适合当代电子档案数量巨大、动态易逝的特点。因此，这种鉴定理论与方法需要和其他理论与方法相融合。

（三）需求预测法的相关理论

需求预测法以"利用决定论"和"主体需求主导论"为理论基础。这类理论的基本思想是：档案的价值不是档案本身所固有的、内在的，而是由人们或人类社会的利用需求决定的。换言之，它将利用者的利用需求视为鉴定档案的最重要标准。这类理论体现在鉴定方法上便是需求预测法。它强调鉴定工作要考虑利用者的需求，具有积极的意义。但是，其局限性也是十分明显的：一方面，它使鉴定过程带有很大的主观随意性；另一方面，它使鉴定标准脱离了文件及其形成者本身，并且在实际上破坏了文件之间的有机联系，从而削弱了鉴定者对文件来源的重视。因此，这种理论与方法在鉴定工作中实际上是不能单独使用的，要与其他理论与方法配合使用。

从上述分析中我们可以看到，种种鉴定理论与方法各有其优点与缺陷，没有任何一种理论与方法可以解决档案鉴定中的一切问题。它们之间并不相互排斥与否定，而是相互融合与渗透，换言之，可以互补，可以兼容，可以并存。除本文论及的上述理论与方法外，其他鉴定理论与方法，例如，文件双重价值论、比例鉴定法、选样保留法等，都可以成为整合后的档案鉴定理论与方法的有机组成部分。笔者认为，整合、深化后的鉴定理论与方法应该形成一个体系，在这个体系中，多种理论与方法可以有序组合。例如，在一个单位鉴定档案时，先要应用间接鉴定法与相关理论来解决宏观问题，前端控制和批量鉴定的问题。在宏观鉴定的基础上，再应用直接鉴定法及其相关理论，同时考虑主体需求，以解决微观鉴定的问题。只有微观与宏观视角并用，才能使鉴定工作尽可能地做到客观、准确。

第三节　档案利用服务与开放理论

以开放的姿态满足社会需求是政府信息公开环境下档案工作的重要内容，也是档案职业获得社会认同、档案事业获得更大生存发展空间的重大举措。

一、信息公开

（一）政府信息公开

进入21世纪以来，我国档案利用服务工作面临的宏观环境已经发生重大变化。构建社会主义和谐社会的目标写进了《中共中央关于构建社会主义和谐社会若干重大问题的决定》，"三个代表"重要思想和"推动物质文明、政治文明和精神文明协调发展"写进了宪法，"国家尊重和保障人权"也写进了宪法。正是在这样一个大背景下，公共信息公开、政府信息公开正在稳步推进。相关法律和行政法规已开始起草，《政府信息公开条例》已在向各方面征求意见。在改革开放中走在前沿的一些大城市的政府信息公开工作已经先后步入正式实施阶段。①

2003年,《广州市政府信息公开规定》正式施行。该规定明确指出:"政府信息以公开为原则,不公开为例外。""各级人民政府及其职能部门以及依法行使行政职权的组织是公开义务人,应当依法履行公开政府信息的义务。个人和组织是公开权利人,依法享有获取政府信息的权利。""任何个人或组织不得非法阻挠或限制公开义务人公开政府信息的活动以及公开权利人行使依法获取政府信息的权利。"

2004年4月1日,《深圳市政府信息网上公开办法》正式施行。该《办法》规定,在一级政府所辖的行政区域内具有重大影响和具有全局性的事项,必须在该级政府所建立的政府网站上公开。这类信息有15种,其中包括政府规章和与社会公众相关的其他规范性文件等。该《办法》还规定,与各部门及依法行使行政管理职能的组织的职责相关的事项,则应当在它们所建立的网站上公开,这类信息有20种。

2004年5月1日,《成都市政府信息公开规定》正式施行。该《规定》要求,政府作为义务人,应当主动公开的政府信息包括政府规章、规范性文件、发展计划、政府年度财政报告及其执行情况、城市总体规划、政府机构的设置及其职能、领导成员的履历、工作分工和调整变化情况等。个人隐私,商业秘密,国家秘密,正在讨论、研究尚未作出决定的政府信息和法律、法规、规章禁止公开的政府信息5类信息不予公开。该《规定》第十五条还明确要求:各现行公开文件资料利用中心应当及时收集已经公开的政府信息,并免费向权利人开放。有关部门应当为现行公开文件资料利用中心收集政府信息提供便利。在这里,各级国家档案馆所主办的现行公开文件利用中心,已经顺理成章地被地方政府指定为向公众提供现行公开文件的重要窗口和中介。

上述情况表明:信息公开,特别是政府信息公开已经成为我国政治文明建设的重要组成部分,成为社会进步的重要潮流。而政府信息公开的重要内容和重要途径之一,就是向公众提供已公开和可公开的现行文件及已开放和可开放的档案。这样一个全新的格局,为档案馆(室)利用服务机制的创新提供了优越的社会环境和良好的基础条件。

(二) 文件与档案的开放范围

按照现行法律、法规和规章的规定,可以向公众开放即公开的文件和档案,应该包括三个部分:①《中华人民共和国档案法》规定:"国家档案馆保管的档案,一般应当自形成之日起满30年向社会开放。"②《中华人民共和国档案法实施办法》规定:"国家档案馆保管的经济、科学、技术、文化等类档案,可以随时向社会开放。"③已公开和可公开

---

① 王世吉,唐宁,周需. 现代档案管理理论与实践 [M]. 延吉:延边大学出版社,2018:128.

的现行文件，应免费向公众开放。这是政府信息公开的要求。这里所谓的"现行文件"，除了一部分仍处于现行阶段外，还有相当大的一部分实际上是处于半现行阶段即属于现行机关档案的现行有效文件。

二、文件与档案的新开放观

能够向公众开放即公开的文件和档案为上述三个范围的文件和档案，因此所谓"开放"，就可以理解为在确保国家秘密、商业秘密、个人隐私，正在讨论、研究尚未作出决定的政府信息和法律、法规、规章禁止公开的政府信息五类信息不予公开以外的其他文件和档案信息。在保证不得公开信息安全的前提下，把一切可以公开的文件和档案或这些文件和档案所包含的信息，无条件、无差别地向一切合法组织和个人提供利用。因此，需要扬弃传统的文件与档案的开放方式，提倡文件与档案全新的开放观。文件与档案新开放观的主要内容包括：

第一，无差别地面向所有合法组织和个人，特别是面向一切具有中华人民共和国公民身份、持有居民身份证等合法证明的普通人，而不仅仅是面向机关工作人员或专家学者，如果仅仅是有条件、有差别地向特定对象提供利用，那就只能说是有限制的利用服务，不能说成是开放。现在一些档案馆或位于机关大院内，或门禁森严，普通老百姓连进门都难，更谈不上真正利用档案，档案的开放只是一句空话。当然，就现实情况看，在档案开放工作中，我国实行国内外用户区别对待的规定，这在目前仍然是必要的。但从长远来看，应该准备在条件具备时逐步过渡到一视同仁。

第二，方便地利用已公开和可公开的文件。利用已开放和应开放的档案，是一切社会组织和公民都拥有的合法权利，是公民和组织知晓公共事务信息和与自己相关的公共信息的权利，它是公民拥有公共事务和公共信息知情权的重要部分。我国《档案法》明确规定：档案馆应当定期公布开放档案的目录，并为档案的利用创造条件，简化手续，提供方便。换言之，为公民和组织利用已开放和应开放档案创造条件，提供方便，是档案馆的法定义务。但目前，在一些档案馆，有些档案形成时间早就满了30年，依法早就应该向公众开放的档案，却由于种种原因长期没有开放，不能与普通老百姓见面。

第三，调整档案的封闭期。我国档案法关于馆藏档案"一般应当自形成之日起满30年向社会开放"的现行规定，一般档案馆的做法是对档案实施30年的封闭期。现在，除了形成时间已满30年的馆藏档案外，很大一部分现行文件都已经或可以公开，还有很大一批经济、科学、技术、文化等类档案，都可以随时向社会开放。因此，应对档案的封闭期进行调整。有两种调整的思路：一是从总体上缩短多数档案的封闭期；二是对不同类型档案的封闭期要分别作出规定，不再使用"一般应当""满30年"这类容易导致一刀切的说法及做法。

第四，扩大承担档案开放任务的组织。承担档案开放任务的组织，当然主要是国家档案馆或公共档案馆。但是，在信息公开的社会环境中，在文件公开和档案开放的范围已大为拓展的今天，政府网站和内部档案机构等也应该承担一部分开放任务。

第五，确保文件与档案的安全。在开放范围进一步拓展、开放力度进一步加大的前提下，要更加重视确保文件与档案的实体安全和信息安全。从实体安全的角度讲，重要、珍贵或只有孤本的文件和档案要以提供复制件为主，这也是长远利用的需要。从信息安全的角度讲，一切利用和开放都不得损害国家安全和利益，不得损害有关公民和组织的合法权益。要在法治化的大前提下，正确处理利用、开放与保密的关系。

第六，及时调整有关档案和文件公开的现行政策和法律、法规。对于一些与文件公开和档案开放有关的现行政策和法律、法规、规章及规范性文件的规定。

三、现行公开文件的利用服务

（一）各地现行公开文件利用服务工作

自 2000 年深圳市档案局（馆）成立文档资料服务中心以来，全国各地档案局（馆）相继开展了现行公开文件利用服务工作。截至 2005 年 6 月，全国已有 2367 个国家档案馆开展了已公开现行文件利用工作，占总数的 76%。其中北京市、天津市、上海市、黑龙江省、山东省、广东省、云南省都达到了 100010，实现了本地区已公开现行文件利用工作的"满堂红"，浙江省、湖北省达到了 90% 以上，吉林省、河南省、广西壮族自治区、重庆市、贵州省、陕西省、青海省也都达到了 80% 以上。已公开现行文件利用工作取得新的进展，呈现出良好的发展态势，先后出现了以下几种典型模式：

深圳模式：由文件中心承担该项工作。

（北京市）昌平模式：现行文件阅览室和原来档案馆的利用室合一。

（北京市）西城模式：档案馆利用网络资源为没有上网条件的利用者免费提供现行文件检索和阅览服务。

济南模式：建设区域性档案资料目录信息中心，把已公开现行文件利用纳入其中。

丹东模式：以辽宁省丹东市和山东省烟台市为代表，丹东市将文档服务中心的现行文件阅览室融入到市政府"审批超市"——市公共行政服务中心向社会开放；烟台市则将"红头文件"放在该市行政审批中心服务大厅，供持有有效证件的市民免费查阅、摘抄。

柳州模式：利用者既可在市档案文件信息服务中心查阅文件，也可点击服务中心设在酒店、商场和汽车总站的触摸屏。

(二) 现行文件公开体系

应该公开的政府信息，其主要存在形式多是现行文件或未到进馆年限的档案。目前，现行文件公开有两种主要服务方式：一是实体文件服务，二是网络信息服务。要更有效地把现行文件，特别是政府的"红头文件"提供给公众利用，要使政府公开文件的成果和效益实现最大化，就要进一步改进和完善现行公开文件利用服务工作，提高服务工作的质量和效率，因此就需要构建一个以政府网站和现行文件利用中心为核心平台，以内部档案机构、政务服务大厅、大众传媒等为外围的多渠道、网络化的现行文件公开体系，以满足公众对现行文件的利用需求。

1. 政府网站

充分利用现代信息技术，将已公开现行文件的利用与网络服务相结合，使政府网站成为现行文件公开的主渠道。

（1）政府是信息资源的最大拥有者。政府不仅是公共事务的管理者，还是信息资源的最大拥有者。各级政府及其所属部门作为有权决定是否可以公开特定政府信息的机关，直接通过网站公开相关现行文件，渠道畅通，中间环节少，运作简便，迅速及时，内容覆盖面宽，具有其他社会组织难以比拟的优势。档案部门把自己的网站与政府网站相链接，成为政府面向公众的信息网络的一部分，方便利用者，特别是大中城市的利用者。

（2）政府网站的主要功能。就目前情况看，在公众信息网上，政府网站的功能主要包括两个方面，一方面是网上办公，老百姓可以通过网上政务窗口便捷地申办必须通过行政许可的事项。随着《行政许可法》的实施，行政许可事项将大幅度缩减，行政许可实施程序进一步规范，服务型的政府运行机制正在计算机网络的支持下逐步形成。另一方面是公开信息，老百姓可以通过网站浏览各类政府信息，包括法规、规章、规范性文件，政府的机构设置、职能分工、办事程序和所辖行政区域内的重大事项等，而这些信息的主要存在形式，就是现行公开文件。网上办公与公开信息两个方面紧密相连，相互支撑，缺一不可。可以说，网上办公和网上公开现行文件，是电子政务建设和行政体制改革的两个连锁并行推进器。

（3）政府网提供服务的优点。较之实体文件服务，提供网上查询有很多优点：保证文件的时效性。在政府网站上，随时可以公布最新的政策法规文件，在新文件颁布后，旧的被废止的文件就及时删除了，可以保证网上提供的都是现行有效的文件。①节约成本。对政府而言，无须专用库房和柜架存放，减轻了管理的压力，减少了大量的事务性工作。对公众而言，简化了申请程序，降低了成本负担，更有可能平等地行使知情权。②方便快捷。与传统的实体文件利用相比，网络化的服务方式在整体上体现出快速、实时、高效、全面的优点。而且随着计算机的普及应用并逐渐进入普通家庭，更多的人将会选择在家里、在办公室查询，网络化的服务方式将更符合人们的使用习惯。

当然，要充分发挥政府网的优势，实实在在地为老百姓服务，还必须及时更新网页，把老百姓关心的信息和实用的办事指南，通过网上公开的现行文件提供给公众，提升政府网站的质量。

2. 现行文件利用中心

以档案馆为依托的现行文件利用中心是现行文件公开的又一重要渠道。应该看到，在广大农村，特别是偏远山区和贫困地区，计算机和互联网的普及程度还很有限。尽管从长远看，网上公开现行文件前景广阔，但从目前情况看，仍然必须有现行文件利用中心等其他方式同时存在，才能构建一个完整的、有足够覆盖面的体系。

以档案馆为依托，建立现行文件利用中心，主动承担起更加贴近公众和现实的现行公开文件利用服务工作，是我国档案部门在政务信息公开背景下的一大创新之举。现行文件利用中心是目前情况下直接向普通市民，特别是不具备上网条件的公民提供现行公开文件的又一重要渠道。建设现行文件利用中心，需要做好以下工作。

（1）中心的开办必须得到同级党委、政府的批准，并取得政府各职能部门及其下属单位的协作与支持。

（2）收集、集中一批与用户查询要求有关的现行文件或现行文件信息。

（3）在收集、集中现行文件的基础上，对现行文件保密与非密的界限进行审查，确定提供用户查阅的现行文件范围。

（4）加强需求调研，了解公众需要哪些方面的现行文件，以此确定公开的重点。从一些单位的利用统计看，与老百姓切身利益相关的，涉及社会热点、难点问题的政策性、法规性、规范性文件，往往是公众关注的焦点。

（5）采取措施，建立相应的制度，确保现行文件利用中心收集渠道畅通，收集的内容系统完整。目前，从有的现行文件中心所收现行文件的来源和质量来看，还存在收集范围狭窄、内容零散、不系统、不能很好地满足利用者多方面需求等问题。

（6）以档案馆为依托的现行文件利用中心的建设还应该与档案馆整体形象的改善、文化品位的提升联系在一起，通盘考虑。

3. 内部档案机构

内部档案机构主要是指档案室。档案室，特别是各级党政机关的档案室，可以成为现行文件公开的又一渠道。

4. 政务服务大厅

政务服务大厅是由政府各职能部门相关人员组成，集中在一个场所办公，将原来的行政审批事项由分散受理变为集中受理，实行"一站式"办公服务方式的一种新型服务场所。这种政务服务方式，优化了审批事项的流程，减少了审批环节，简化了审批手续，将过去要为一个证照奔跑多次的审批流程，变为现在一站就能解决问题的审批方式。政府服务大厅设置的办事指南处、资料室、公告栏，开设的文件利用服务窗口或触摸屏式服务终端等，为老百姓提供各级政府公开的政策法规、现行文件，把政务管理工作与现行公开文件的利用服务工作有机地结合起来。因此，政府服务大厅既是政府办公、实施政务管理与服务的地方，又是公开政务信息、公开现行文件的场所。

5. 大众传媒

大众传媒最大的特点是传递信息快速、影响广泛，因此，利用大众传媒公开现行文件具有独特的优势。通过大众传媒，可以让公众更多地了解政府公开信息，可以及时向公众提供政策性、法规性、公益性文件及政府的其他红头文件，为公众参与社会生活提供可靠的依据。目前，公开现行文件的主要方式是传统的用各级各类国家机关政报、公报的形式，如用具有综合性的全国人大常委会公报、国务院公报、最高人民法院公报、最高人民检察院公报、地方政府政报等向公众公布政府信息。但这还远远不够，应该主动利用大众传媒，采取其他方式来公开现行文件，如出版更多与公众利益密切相关的政策、法规手册等，放在有关部门的接待办事处，供公民自由免费索取；利用广播、电视节目，将现行文件内容放进案例，使现行文件更容易为公众所接受；还可以利用各级政府机关和一些公共服务型企业事业单位建立的新闻发言人制度，公开现行文件。

第三章

现代档案管理的过程及步骤

第一节 档案收集管理

一、档案的收集

(一) 档案收集工作的内容

档案收集工作可以概括为两个方面,即档案的接收和档案的征集。档案的接收是指档案馆(室)收存档案的活动过程。它是整个档案收集工作的中心内容,是档案部门取得和积累档案的主渠道。档案的征集是指档案馆按照国家规定征收散存在社会上的档案和有关文献的活动,它是档案馆取得和积累档案史料的必要补充渠道。档案收集工作的具体内容主要包括三个方面:①对本机关需要归档案卷的接收工作;②对各现行机关和撤销机关具有长久保存价值的档案的集中和接收工作;③对历史档案的接收和征集工作。

(二) 档案收集工作的意义

收集工作是档案工作的起点,是整个档案工作中极为重要的一个环节,对整个档案工作都具有重要意义。

档案馆(室)管理的档案主要不是由档案馆(室)内部产生的,而是历史上形成的和现实生活中不断产生的文件长期收集和积累起来的。档案的收集就是档案馆(室)取得和积累档案的一种手段。从全部档案业务工作的程序来说,收集工作是档案工作中的第一个环节,通过收集工作为档案工作提供实际的管理对象。有了档案,档案室和档案馆才有进行整理、编目、鉴定、保管、统计和提供利用等各项工作的物质条件。从组织整个国家档案工作来说,档案的收集工作是档案工作中贯彻集中统一管理原则的最重要的一项具体措施。只有通过收集工作,才能把党和国家的全部档案集中到各机关档案室和各级各类档案馆，形成统一的档案材料基地，实行统一的科学管理。从收集工作质量高低的影响来说，它直接关系到档案工作的其他环节。收集及时，档案材料完整系统，鉴选得当，则为档案管理的各个环节创造良好条件，从而能集中力量对档案进行研究，广泛地开展档案的利用工作。如果档案收集得很少，或者只收集了一些残损零乱的和实用价值不大的档案材料，不仅会给整理、编目、鉴定、保管、统计等一系列的工作在很大程度上造成无效劳动，而且更重要的是不能提供档案为各项工作服务，这对于维护历史文化财富的安全和为发展社会主义科学文化事业提供条件，都是极为不利的。

总之，大量的经验证明，收集工作是档案业务基础工作中的基础，做不好档案的收集工作，就没有完整的档案，也就不会有健全的档案工作。因此，要做好档案工作首先必须从档案的收集工作做起。

二、档案的管理

档案的管理工作就是按照一定的原则和方法，对档案进行系统的分类、排列和科学编目，使之系统化、条理化的一项工作。它为档案入库、入柜（架）管理和提供利用作准备。

（一）档案管理工作的内容

档案管理工作的内容主要包括：区分全宗、档案的分类、组合案卷（立卷）、案卷的排列和案卷目录的编制。

档案系统管理工作是档案馆（室）的主要业务之一。在档案馆（室）内档案的整理，按其工作内容的范围大致分为以下三种类型。

一是系统排列。在正常的工作情况下，档案馆（室）接收的是按照入馆（室）要求移交的案卷。档案馆（室）对这些接收的档案，根据整个档案馆（室）对档案存放和各种管理的需要，在更大的范围内进一步系统整理，如全宗和案卷的排列、案卷目录的某些加工等。

二是局部调整。已经整理入馆（室）保存的档案，一般都固定下来，但是随着时间的推移，档案材料本身以及档案整理体系可能发生某些变化，就需要进行个别的加工和局部的调整。

三是全过程整理。在一些特殊情况下，档案馆（室）会接收或征集一些零散文件，这时就必须进行全过程的管理工作。

（二）档案管理工作的意义

档案管理工作在整个档案管理工作中具有十分重要的意义。

首先，档案管理工作是档案利用工作的前提。人们保存档案的目的是利用档案，如果不进行科学的整理，把档案任意堆放在一起，需要时就会像在大海里捞针一样，不仅费时费力，甚至根本找不出所需要的档案，这样就会严重影响档案作用的实现，使档案的利用价值不能充分体现。只有把档案组成条理化的体系，才能反映出各种活动的本来面貌，便于系统地查考研究。所以，档案的系统整理是利用、开放、发挥档案作用的前提条件。

其次，档案管理工作，可以促进档案工作系统各个环节的良性运行和协调发展。档案收集得是否齐全完整，通过档案的整理就可以得到检验。档案的系统整理和基本编目，又为档案价值的鉴定和档案检索工具的编制奠定了科学基础，这几项工作往往又可以结合进行。档案管理工作的好坏又直接影响到档案的统计、编研等工作环节。所以，档案管理工作在档案管理工作中占有重要地位。

三、档案收集管理工作有效开展的措施

档案材料的收集与管理，直接影响到档案工作的质量和档案的利用价值。因此，一定要重视并采取有效的措施，把档案材料的收集和管理工作做好。①

第一，坚持不懈地学习，强化全体档案人员的法律意识。要宣传和贯彻执行《档案法》和《档案管理办法》，真正做到有法可依，依法治档，提高全体人员遵纪守法的自觉性。领导干部要把档案工作纳入议事日程，安排专人负责，同时还要在政治思想、业务建设上多关心档案工作人员。档案工作人员要自觉学好、用好《档案法》和《档案管理办法》，明确自身的责任和任务，认真做好本职工作。其他部门的同志应主动配合，协助搞好此项工作，严格按规定办事，主动收集、整理、上交应归档案室的文件材料。

第二，采取有效措施，不断提高档案人员的自身素质和文化水平，培养一支思想好、作风硬、业务精的档案专业队伍，是做好档案工作的保证。为使档案干部的培养工作尽可能适应实际工作发展的需要，必须采取两条腿走路的办法，也就是长期培养与短期训练相结合、离职学习与业余自学相结合、学校教育与实际工作中的培养锻炼相结合，提高档案人员的政治思想素质和道德水平，使他们逐步树立起热爱本职工作、忠于职守的爱岗敬业精神，熟悉单位的业务知识，提高档案员的业务管理技能，使他们积极主动把档案材料收集好、管理好。

第三，依据有关法规，狠抓规章制度的落实。应抓好以下几个环节：一是经常检查。做到定期检查工作，发现问题及时改进。二是坚持督办。管理人员要对各部门经常督促办理，抓紧催收。三是严格奖惩。通过检查总结评比，对于做得好的要大力表扬奖励，对于

---

① 郑蓓晖. 浅谈档案材料的收集与管理 [J]. 佳木斯大学社会科学学报，2001，19（2）：126.

做得不到位的进行批评帮助，严重的给予处罚。把这项工作与评先创优结合起来，促进规章制度的全面落实。

第四，不断疏通、扩展文件的收集渠道。为整理、收集好档案材料，我们主要应从两个方面努力：一是把功夫下在平时，不要等到年终算总账。应把平时工作中形成的文件材料及时整理，不应堆积到年终一起整理、装订，否则就会造成文件的损毁、丢失。更有甚者，个别人还会利用这个机会进行擅自涂改、泄密，以达到不可告人的目的，给国家或个人造成不可挽回的损失。二是通过对档案的开发利用，赢得大家的信赖。我们应通过文件材料整理的系统化、科学化、正规化的管理和声像档案、照片档案的利用价值来向人们充分展示档案存在的重要意义，使他们感到把文件材料归档管理比自己保管更可靠、更方便，从而愿意送交文件材料。

第五，健全文书档案管理体系，发挥网络作用。文件的收集管理不只是几个人员的事，而是全体社会的共同责任。应建立一个纵横交错、组织严密的文秘档案管理网络体系，做到从纵向看，上下层层有人抓；从横向看，每个部门有人管。上下配合，左右协作，齐心合力。同时，有条件的单位，应建立健全微机化档案管理系统，完善档案检索数据库。另外，还应明确文书处理工作的具体任务。

第六，把好收集文件材料的几个关口，不断提高档案管理水平。一是收发登记关。档案人员要严格登记手续，收发有登记，力戒漏登。二是工作计划关。弄清一年内完成的主要工作，了解熟悉本单位的年度计划，加强前期控制措施，根据计划查询有关收发的文件材料。三是盖章用印关。凡是需加盖印章的文件，盖章后即留足归档份数，以免事后再去催收。四是临时活动关。档案人员要及时了解掌握临时性大型活动，主动收集有关文件及声像资料等各种载体材料。五是重要会议关。想方设法及时收集单位召开的或外出参加的一些重要会议的材料。

总之，只要我们掌握了一定的工作规律，辅之以健全完善的规章制度，加上档案部门的积极努力和全体人员的认真配合，档案材料收集难的问题就一定会得到圆满解决。

第二节　档案分类与检索

一、档案的分类

(一) 档案分类的含义

所谓分类，就是根据事物的属性，将事物进行划分的过程。分类的基础是比较，通过比较，来识别事物对象之间的共同点和差异点，从而把对象区分为具有一定从属关系的不同等级的系统。档案的分类就是根据档案的来源、时间、内容和形式的异同，把档案划分为一定的类别，使全部档案形成一个纵向从属关系和横向平行关系的不同层次的系统。它包括选择分类方法、制订分类方案、档案材料归类和案卷排列等内容。

档案的分类是档案管理工作中不可缺少的一个环节。正确地分类是保证系统整理的质量和进行科学编目的基础。

（二）档案分类的要求

由于立档单位的活动及档案成分的不同，因此要从错综复杂的联系中采取相应的措施对档案进行划分类别是一项非常复杂的工作。要做到科学合理地划分类别，应遵循以下基本要求。

1. 客观性

由于档案是不同机关在其社会活动中自然形成的，所以，必须遵循档案自然形成规律，从档案成分的实际出发进行分类。由于档案材料之间有多方面的联系，在划分类别时应最大限度地保持文件之间主要方面的历史联系。因此，要按不同机关、不同档案的情况，科学地选择分类方法。

2. 逻辑性

档案之间的联系比较复杂，往往一份档案根据不同的划分标准分属于不同的类别，在一个档案的分类又常常采用几种方法，所以分类体系的构成应力求严谨，符合逻辑规则，注意划分标准的一致性和类别体系中纵横关系的明确性。即每一层次的划分采用同一标准，在每一标准下要划分完结。正确的分类结果是：同位类之间只能是平行关系，相互排斥，不能交叉重叠；上位类与下位类之间是从属关系，上位类一定要能包含它所属的下位类，下位类一定要是它的上位类的组成部分。在档案分类体系中还应注意分类层次不宜过多，否则会造成纲目不清，同时要注意分类体系的相对稳定性，不宜频繁变动和更改。

3. 实用性

档案整理的目的就是要便于保管和提供利用。分类作为档案管理工作的一部分，尤其应该考虑便于保管，便于检索和利用。在遵循档案的自然形成规律、维持档案之间有机联系的前提下，选择一种或几种分类方法，组成全宗内合理的分类结构。对于全宗内载体和形式特殊的档案材料，可以采取不尽相同的分类方法。在全宗的分类过程中，禁用空设的虚类，也不要生搬硬套一般的分类方法。

（三）档案分类的方法

按文件产生的时间分类 ①年度分类法：根据形成和处理文件的年度，将档案分成各个类别。②时期分类法：即把文件按照立档单位存在和发展过程中所处的不同时期（或不同历史阶段）来分类。

按文件的来源分类 ①组织机构分类法：同一组织机构形成的档案为一类。②作者分类法：即按照文件的责任者来分类。③通信者分类法：通信者指与立档单位有来往文书的另一方机关或个人。通信者分类法就是根据另一类机关或个人的不同划分档案。其中，收文按作者分类，例如上级机关来文、平级机关来文、下级机关来文；发文存本和原稿按收件者分类，例如发往上级机关文件、发往平级机关文件、发往下级机关文件。

按文件的内容分类 ①问题分类法：就是按照文件内容所反映的问题（或称事由），将档案分为各个类别。②实物分类法：例如粮食、木材、钢铁、石油、纺织品等。③地区分类法：即按不同的地理区域进行划分，例如东北、西北、东南、江苏、上海、常州等。

按文件的形式分类 ①按文件的种类（名称）分类：例如通知、命令、会议记录、人员工资、会计凭证等。②按文件的制成材料分类：例如文书档案、声像档案等。③按文件的形式规格分类：例如成卷的、成张的、成盒的、不同尺码、不同开本等。

分类方法虽然很多，但就文书档案而言，常用的分类方法主要是年度分类法、组织机构分类法和问题分类法，以下进行具体介绍。

1. 年度分类法

年度分类法，又称为年代分类法，就是根据形成和处理文件的年度，将全宗内的档案进行分类。按年度进行分类，有利于反映一个立档单位在不同的年度（或时期）的工作特点和历史发展变化情况，有助于历史地研究问题。这种分类方法与机关的文书处理工作制度也是相吻合的，以年度为单位立卷和移交档案，自然地把档案划分成了各种类别。在实际工作中，年度分类法是使用得最广泛的一种方法，它往往与其他方法联用，共同组成科学的档案分类体系。

使用年度分类法最主要的就是判断文件的所属日期，并把它们归入相应的年度中。在实际工作中，通常会遇到两种困难：一是文件上有属于不同年度的几种日期；二是文件上没有注明日期。遇到上述两种情况，通常采用下列办法处理。

（1）对于文件上有属于不同年度的几种日期的情况。要根据文件的特点，确定一个主要日期，即最能说明文件时间特点的日期作为分类的依据。一般情况下，内部文件和对外发文，以文件的写成日期为主；来往文件中的收文，以收到日期或公布生效日期为主；计划、总结、预算、决策、会计报表等，以内容针对的年度为主；跨年度的计划放在开始的年度，跨年度的总结放在最后的年度；跨年度处理的专门案件、来往文书等，放在关系最密切的年度或最后结案年度。

（2）对于文件上没有确切日期的文件。应根据文件的各种特征，考证出文件的准确日期或近似日期，归入相应的年度内。考证文件日期时，通常从文件的内容、载体、标记、格式、字体等方面的特征加以考证，也可以用已知日期的文件比较对照的方法来判定日期，多种方法结合运用，更有利于判定文件的准确日期。

2. 组织机构分类法

组织机构分类法就是按照立档单位形成和办理文件的内部组织机构将档案分成各个类别。以组织机构进行分类的优点主要体现在：

（1）便于保持文件在来源和内容方面的联系。以组织机构进行分类，将各机构在其职能活动过程中形成的文件集中起来，全面地反映各机构的活动面貌。同时，集中起来的文件又相当于某一方面内容性质的文件。因此，较好地保持了文件内容方面的联系。

（2）以组织机构进行分类是一种简便易行的分类方法。因为一个单位的内部组织机构都有其本身的职能和性质，有自己的职权范围，在办文时往往留下一些标记，如收发文章、收发文号等，这给组织机构分类法在类目的设置和文件的归类方面提供了比较明显的客观标准，这就从某种程度上减少了类目划分不一致的问题。

一般情况下，立档单位第一层组织机构设置类别，其他层次的内部组织机构不设类别，在确有需要的情况下，第二层组织机构也设置类别。否则，类别过多过详不利于档案的整理。按组织机构分类时，各类的排列顺序以正式文件或习惯上的顺序排列，通常将综合性的部门排在前面，一般先排办公室，然后排各职能部门。

当一份文件涉及多个组织机构时，应按立档单位的有关规定归入相应的类别中，以便于将来的查找利用。

3. 问题分类法

问题分类法就是将一个全宗内的档案按照文件内容所反映的问题进行分类的一种分类法。问题分类法，可以将同一问题的文件集中起来，避免和减少了同类问题分散的现象，能够较好地保持文件在内容方面的联系，全面系统地反映一个问题的来龙去脉，满足按专题查找档案的需要。问题分类法也是一种比较常用的分类方法。

在实际操作过程中，问题分类法不像组织机构分类法那样易于把握。由于一个档案涉及的内容较多，问题可大可小，所以在设置类目时，往往由于缺乏客观的标准而使类目的设置难以统一，分类的结果或多或少地带有人的主观认识成分。在档案检索时，由于人们认识上的差异，可能会出现查找者的需求与实际的分类不相吻合的现象。

因此，使用问题分类法时，应注意以下几点：

（1）类目的设置要能够反映档案文件中最基本的问题，如实地反映文件和立档单位工作的全貌。

（2）类目的设置要符合逻辑原则。同一级类目的外延之和等于其上一级类目的外延，同一级类目之间相互排斥，不能有交叉关系。

（3）类目体系的设置力求简洁。类目体系的设置一般依据全宗的大小、立档单位工作任务的繁简以及档案文件数量的多少来确定，类目层次不宜过多，类目名称力求简洁。

（4）按文件的主要内容有规律地归类。在归类的过程中，如果遇到文件涉及几个类目的情况，应在研究并认定文件的主要问题的基础上归入相应的类别。还可以制定出一些规定，作为按问题进行归类的依据，使整个全宗的文件都能有规律地归类。

二、档案的检索

（一）编制档案检索工具

1. 馆藏性检索工具的编制

（1）卷内文件目录。卷内文件目录是以案卷为单位，系统登录卷内文件的题名及其他特征并固定其排列顺序的检索工具。卷内文件登录的内容一般包括顺序号、文号、责任者、题名、日期、页号、备注。卷内文件目录能够固定文件在案卷中的具体位置，巩固档案实体系统整理的成果，而且能够反映卷内文件的基本情况，是检索具体档案文件的重要工具。

（2）案卷目录。案卷目录是在档案实体整理过程中，对案卷进行排列与编号以后，将案卷号、案卷题名及其他特征进行系统登记的检索工具。案卷目录表是案卷目录的主体，案卷目录表的基本项目包括：案卷号、案卷标题、案卷起止日期、卷内文件页数、保管期限和备注等。案卷目录的主要作用是：固定档案分类体系和案卷排列次序，反映和巩固档案管理工作成果；揭示档案内容与成分；便于档案的统计和安全保管。

（3）案卷文件目录（全引目录）。案卷文件目录，是以全宗为单位，将案卷目录与卷内文件目录相结合按一定次序编排而成的一种档案目录。它既能够揭示全宗内的案卷信息，也能够全面反映每一案卷内的文件信息，兼有案卷目录和卷内文件目录的双重功能，所以又称为全引目录。编制案卷文件目录的方法是：将案卷目录和卷内文件目录依次打印，复印剪贴后装订成册或者利用计算机技术进行编辑整合。

2. 查检性检索工具的编制

（1）分类目录。档案分类目录是按档案分类法组织起来的，揭示全部（或主要部分）馆藏内容与成分的一种综合性检索工具。它打破了全宗的界限，不受档案实体整理体系的束缚，提供从档案内容入手检索档案的途径，是档案工作人员从事业务工作和利用者查找档案的不可缺少的工具。分类目录还可作为一种基本检索工具，派生出各种专题目录、重要文件目录等，向外报道馆藏，满足利用者的特定需求。分类目录的编制包括条目的排列、参照卡和导卡的设置、字顺类目索引的编制。

条目的排列：将已经著录的条目按分类号的顺序排列起来，对同一类号的条目再按时间顺序、题名、责任者字顺等其他特征排列。

参照卡是用于揭示类目间的相互关系，指引利用者准确找到所需的档案。导卡也称指引卡。是一种上端有耳状突出的卡片，用于揭示分类目录的结构及其逻辑体系，指导人们在目录内迅速准确地查到所需的档案卡片。一般可在每一类前放一张概括本类内容的导卡，在耳状突出处标明类号及类目名称，其下注明该类直接下位类类号及类目名称。

字顺类目索引是将分类目录的类目按字顺排列起来，提供从字顺主题入手查找档案的途径，提高分类目录的利用效率。其编制方法如下：①对类名进行规范化处理，将之转化为标题形式；②补充分类表中未列的概念，如类名同义词、表中未收的新学科、新事物或其他重要概念等；③编制索引款目，对两个或两个以上主题的类目分别编制款目；④对某些款目词实行轮排，使同族概念集中并提供多条检索途径；⑤将所有的索引款目按字顺排列。

（2）主题目录。档案主题目录是根据档案主题法的原理，按档案主题词的字顺组织起来的目录。主题目录不受全宗和分类体系的限制，直接从事物出发按字顺查找所需档案，灵活性强，便于进行特性检索，但系统性不如分类目录。其编制步骤包括：标题形式的选择、主标题与副标题的确定、著录卡片按字顺排列、参照卡的设置。

（3）专题目录。档案专题目录是集中揭示有关某一个专题档案内容的检索工具。它不受全宗的限制，有利于在全馆范围内按照专题查找档案，对于科学研究及解决专门问题有很大帮助。其编制步骤包括：选题、选材、著录、排列。

（4）人名索引。人名索引是揭示档案中所涉及的人物并指明其出处的一种检索工具，可分为综合性人名索引和专题性人名索引两种。综合性人名索引是将馆藏档案中涉及的全部人名编制成索引；专题性人名索引是按某一专题范围编制人名索引，即选择若干比较常用的专题来编制人名索引。一般来说，专题性人名索引利用率较高，且编制工作量不大，对一般档案部门都是适宜的，可以满足大多数从人名入手查找档案的利用要求；而综合性人名索引编制工作量大，且并非档案中涉及的任何人名都有检索意义，所以，往往只用于人事档案、诉讼档案等，对普通档案不太适宜。

在编制人名索引时，应对一人多名的情况加以处理，在一个人的真实姓名、字号、别名、笔名、艺名等之间建立参照，将同一人的档案材料集中一处，避免漏检、误检。人名索引可参照《中国档案主题词表》所附人名表编制。人名索引分人名和档号两部分，将人名引向所在档案的档号，即可查到记载某一人物的各种档案材料。人名索引可按人名字顺排列，有笔画笔形法、音序法等。

（5）地名索引。地名索引是揭示档案中所涉及的地名并指明其出处的一种检索工具。地名索引可以为从地区角度入手查找档案的利用者提供档案线索。尤其是对利用档案编史修志者十分有用。地名索引比较适用于涉及地区范围较广的地质档案、农业档案、气象档案、测绘档案等。

在编制地名索引时，应弄清楚各地区在行政区划、名称等方面的沿革，在原用名和现用名之间建立参照，将同一地区的档案材料集中一处。

地名索引包括地名和档号两部分，必要时应加上注释，将地名引向所在档案的档号，即可查到记载该地区情况的各种档案材料。

3. 介绍性检索工具的编制

（1）全宗指南。全宗指南是对一个全宗的档案的形成历史、内容范围、成分、数量等各个方面以文章叙述的形式所作的全面介绍。可分为组织全宗指南、个人全宗指南、联合全宗指南等，其中，组织全宗指南占绝大多数。全宗指南的结构是由立档单位和全宗历史概况、档案情况简介、档案内容和成分介绍、辅助工具等组成。

立档单位和全宗历史概况　包括全宗构成者名称、时间、主要职能、隶属关系、全宗构成者主要负责人名录、内部机构设置及其各历史阶段演变情况等内容。

档案情况简介　档案的数量及保管期限、档案的完整程度、档案的利用价值及鉴定情况、检索工具的配置情况、档案的整理情况。

档案内容和成分介绍　文章叙述的形式，按档案的实际分类体系结合问题介绍。主要介绍档案来源（责任者）、内容、形式（种类、制成材料等）、形成时间、可靠程度、查考价值等。这是全宗指南的主体部分。可以采用详简结合的方法，根据档案的重要程度和实际需要进行介绍。

辅助工具　包括目次、机关简称表、人名索引、地名索引等。

（2）档案馆指南。档案馆指南是对一个档案馆的概况及其全部馆藏以文章叙述方式所做的概略介绍。它是档案馆对其收藏和服务情况进行宣传和报道的重要工具。详细的档案馆指南包括序言、档案馆概况、馆藏档案情况介绍、馆藏资料介绍、索引、附录等组成部分。

（3）专题指南。专题指南是以文章叙述的方式，按一定专题对档案机构收藏的有关该专题的全部档案材料所做的综合介绍。专题指南在选题选材上与专题目录相同，在档案内容成分的介绍方式上类似全宗指南。专题指南一般由序言、目次、档案材料内容简介、索引、附录等部分组成。

档案馆（室）应建立科学合理的档案检索工具体系，达到如下基本要求：具有一定数量的功能不同的检索工具、检索工具与利用需求相适应、正确处理各种检索工具的联系与分工、在检索工具的编制中应推行标准化。

（二）计算机档案检索系统

计算机档案检索系统是以电子计算机作为检索设备，将档案信息以二进制代码的形式记录在磁性载体上，由计算机检索软件进行控制，对输入的档案信息自动进行存储、加工、检索、输出、统计等操作的一种信息检索系统。计算机检索系统与手工检索系统相比，检索速度快、存储量大、检索途径多、检索效率高。

计算机档案检索系统的类型，按数据库的性质，分为目录检索系统、事实与数值检索系统、全文检索系统；按检索方式，分为脱机检索系统、联机检索系统；按服务方式，分为定题检索系统和追溯检索系统；按检索语言，分为受控语言检索系统和自然语言检索系统。

计算机档案信息检索系统由档案数据库、计算机硬件、计算机软件三大部分构成。

（1）档案数据库是将一系列档案文献条目用二进制代码的形式，记录在磁带、磁盘或光盘上，以便让计算机"阅读"理解和运算，其内容与普通的检索工具基本一致，但为了便于计算机判断和处理，在条目中增加了指示符、分隔符、结束符等标志，并记明了各个著录项目以及整个条目的长度与地址。有时为了提高检索效率，计算机还需对目录数据库作进一步加工，排成各种索引文档。一个计算机检索系统包含若干种文档。

（2）计算机硬件指计算机及外部设备，它是进行信息存储、运算、输入、输出的实体。计算机的选型应根据馆藏量、系统规模及检索功能的要求来决定。在配置硬件时应考虑各种设备的兼容性、处理速度与处理能力、可靠性与适应性等，既要考虑目前的需要，又要着眼于将来的发展。

（3）计算机软件指控制计算机各种作业的一系列指令，没有这些指令，计算机就不能运行。目前市场上出售的软件较多，先要配齐有关的系统软件，应用软件可以购买，也可以自己研制开发。由于档案种类的多样性、内容的复杂性以及档案管理、利用的特殊性，要求档案检索系统的软件开发须从档案的特点以及档案工作实际出发，进行系统分析和设计，不能完全搬用情报检索系统的软件。应加强档案通用软件的开发，既可节省人力、物力、财力，又能帮助那些缺乏技术条件的单位尽早开展计算机检索工作。

（三）档案检索的策略

所谓检索策略，是在弄清楚用户情报需求的前提下，选择检索途径、检索用词、构建检索表达式、明确检索步骤的科学安排。检索策略对检索效果有很大影响，检索策略制订得好，不仅可达到较高的检全率和检准率，还可以提高检索速度，缩短检索时间，降低检索费用。尤其是对计算机检索而言，制订周密的检索策略是检索得以成功的关键。档案检索方法可借鉴情报检索的一般方法和技术。档案检索效率可用全、准、快、便、省五个方面来衡量。其中，检全率和检准率是评价检索效率最常用的两个指标。

1. 检索提问分析

检索提问是用户实际表达出来的检索要求，也称情报提问。档案检索提问分析是对档案检索课题所做的主题分析，目的是弄清用户真正的检索要求，以便确定检索对象和检索范围，它是制订档案信息检索策略的首要步骤。

档案检索提问分析包括以下内容：①检索目的：是为了查证某一事实，还是为了研究某一问题。②检索对象：是检索档案中包含的信息，还是检索某一特定的档案。③检索范围：检索哪种类型、时间、地区和专业范围的档案材料。④现有档案线索：如立档单位的名称、职能、沿革、检索对象的时间、地点、档案责任者、文号、图号、相关联的人物、机构、事件等。掌握的线索越多，越有利于检索的进行。

2. 档案检索策略的构造

（1）检索途径的选择。根据用户的检索提问选择合适的检索途径，决定检索入口。对某一特定的检索要求选择什么检索途径，决定于用户对档案线索的掌握程度及检索系统的设置情况。对于手工检索来说，检索途径的选择就是决定采用哪种检索工具进行检索，可以是分类目录，也可以是主题目录；可以是题名目录，也可以是文号索引；等等。而对计算机检索系统来说，则包括对数据库的选择及检索项目的确定。检索项目包括待检数据库中各种规范化代码如分类号、产品代码、国家或地区代码、机构名称代码等，以及表示主题概念的检索词。在计算机检索中，检索词是各种档案数据库中不可缺少的基本检索项目。检索词包括主题词和自由词，一般总是优先选择主题词作为最基本的检索项目，因此在计算机检索中，主题检索途径是主要的检索途径。

（2）检索标识的选定。选择好检索途径后，即可根据分类表或词表，将表达用户提问的主题概念转换成检索标识。所选择的检索标识适当与否取决于对检索提问进行主题分析的正确性和全面性以及标引的准确性、专指性。在这里，检索标识的选定对检索网络度和专指度有很大影响。检索网络度是指检索标识网络检索课题主题概念的范围和程度，网络度高，检全率就高。检索专指度是指检索标识表达检索课题的主题内容的确切程度，专指度越高，检准率就越高。为了达到较高的网络度和专指度，就要对检索课题进行深度标引，这意味着要用更多的检索标识来更全面、更具体地标引检索课题的主题概念。具体来说，要优先选择专指的主题词，另外可选用适当的自由词配合检索。需要说明的是，使用自由词可达到较高的专指度，可以及时反映新概念，灵活性强，但自由词缺乏词汇控制，增加了检索难度，因此，自由词的选用是有一定限制的。

（3）检索式的拟定。根据检索课题的主题内容选定了检索标识后，就可以用布尔逻辑算符和一些检索指令将检索提问中各有关概念之间的关系表达为布尔逻辑检索式。检索式是检索策略的具体表现形式，它是对检索提问的逻辑表达，也称检索提问表达式。

检索式中常用的布尔逻辑算符有：逻辑与（或称逻辑乘、逻辑积），符号"＊"；逻辑和（或称逻辑加），符号"＋"；逻辑非，符号"－"。检索指令是表示计算机能够执行的各种运算关系的标记和符号，不同的计算机检索系统有各自的检索指令。不管用户的检索提问多么复杂，都可以用布尔逻辑的原理，使用概念组配的方法，转化成布尔逻辑检索式。

例如，对"外国铁路拱式钢桥"之一检索提问，可编制如下检索式：
（铁路桥＊拱式桥＊钢桥）＊中国

检索式编制的好坏直接关系到检索效果。检索式的拟定有一定的技巧，其基本要求是：①应完整而准确地反映出检索提问的主题内容；②应遵守待检数据库的检索用词规则；③应符合检索系统的功能及限制条件的规定；④应遵守概念组配原则，避免越级组配；⑤注意检索式的精练，能化简的检索式尽量化简。

（4）档案检索策略的调节。档案信息检索过程比较复杂，由于种种原因，检索结果往往不能满足检索要求而出现一些偏差，这就需要及时修改和调整检索策略，进行反馈检索，以达到既定的检索目标。

一般来说，需要进行反馈检索的课题有两种类型：一是未达到检索目标，或用户又在原来检索的基础上提出了进一步的检索要求；二是由于构造检索策略不当所造成的检索失误。不管是哪种情况的反馈检索，都要对用户提问和检索结果进行深入分析，在原有的检索基础上进一步扩大或缩小检索范围。可通过下列方法调节检索策略：①调整检索式，扩大或缩小检索范围；②增加检索途径；③利用概念等级树扩检或缩检；④采用截词检索、加权检索、精确检索等方法进行检索。

需要指出的是，由于检全率和检准率之间存在着相互制约现象，提高检全率常常会降低检准率，而检准率的提高又可能导致检全率的降低。因此，在构造和调整检索策略时，应深入分析用户检索提问的实质及需求范围，以达到理想的检索效率。

（四）档案检索的技术方法

1. 加权检索

所谓加权检索，就是在检索时给每个检索词一个表示其重要程度的数值（即所谓"权"），对含有这些检索词的档案进行加权计算，其和在规定的数值（阈值）之上者作为检索结果输出。权值的大小可以表示被检出档案的切题程度。加权检索可对检出档案材料进行相关性排序输出，也可根据检准率的要求进行灵活的分等级输出，输出时按权值大小排列，只打印权值超过阈值的相关文献。

2. 截词检索

所谓截词检索，就是用截词符对检索词进行截断，让计算机按照检索词的部分片段同索引词进行对比，以提供族性检索的功能。截词检索主要用于西文文献的检索中。

截词检索可采用右截断（前方一致）、左截断（后方一致）、左右同时截断（中间一致）三种方法。

（1）前方一致。对检索词的词尾部分截断，右截断在计算机检索中广泛应用，这种方法可以省去键入各种词尾有变化的检索词的麻烦，有助于提高检全率。例如，键入检索词Computer+（"+"为截断符号）可以检索出任何以Computer为开头检索词的文献，如Computers，Computerize等。

（2）后方一致。把截断符号放在字根的左边，如+Computer，那么计算机在进行匹配时，索引词Minicomputer，Microcomputer等均算命中。

（3）中间一致。将字根左右词头、词尾部分同时截断，例如：+Computer+，可以命中包含该字根的所有索引词，如 Minicomputer，Microcomputer，Computers，Minicomputers，等等。这种左右同时截断的方法在检索较广泛的课题材料是比较有用，可获得较高的检全率。

3. 限定检索

限定检索主要采用字段检索方式，即将检索限制在某一特定的字段范围内，以提高检准率。例如，"环境保护（LA）"是对语种进行限定，括号内的"LA"表示语言，意指该检索词只在语言字段进行检索。除此之外，还可对文献类型、作者、国别、出版年、数据库更新时间等字段进行限定。

4. 全文检索技术

档案全文检索，又称档案原文存储与检索，是借助于光盘存储器与缩微设备联机实现的一种档案检索方式。我国自从沈阳市档案馆于1991年最早开始光盘原文存储与检索的应用研究以来，档案全文检索已经逐渐由实验向实用化发展。

全文检索系统采用自然检索语言，大大提高了检准率和系统的易用性，但却导致检全率的降低，而后控词表是解决此问题的有效途径。后控词表综合了自然语言和常规的受控语言的长处，对于提高全文检索系统的检索效率有着非常重要的作用。

5. 多媒体存储与检索技术

多媒体存储与检索技术是指将文本、数值、图形、图像、声音等多种类型的档案信息进行综合处理的技术。迄今为止，已有不少多媒体档案检索系统问世。

实际上，目前的多媒体系统大多数是将图与声压缩后当成一个文件甚至一个记录存储到计算机中，使用时即可与文本信息一样地使用，并且借助于附加在图形或声音旁的标引信息（如现在的图像信息常附有一个关键词）来实现对图形与声音的检索。而对图和声的直接检索则是今后发展的方向。

多媒体存储与检索技术能够使用户方便、直观、迅速地获得全方位的档案信息，保证了档案信息的完整性与准确性。本地区、本部门举行的重大活动，召开的重要会议等实况录像、录音均可录入计算机供随时调用，体现了档案的原始记录性。

6. 智能检索技术

档案智能检索技术是应用人工智能技术模拟档案检索的过程，实现档案信息的存储、检索和推理的一种先进的档案检索技术。从国防科工委档案馆等单位研制的实验性的智能化系统来看，这种智能检索系统可以部分实现自然语言检索，提高检全率和检准率，代表了档案检索系统的发展方向。

第三节　档案鉴定与保管

一、档案的鉴定

档案的鉴定，一般是指对档案真伪和档案价值的鉴定。在机关档案室和档案馆的业务工作中，档案鉴定工作通常是指对档案价值的鉴定。

（一）档案鉴定工作的内容

档案鉴定工作就是鉴别和判定档案的价值，挑选有价值的档案妥善保存，剔除无须保存的档案予以销毁。档案鉴定工作的内容包括以下三个方面：

第一，制定鉴定档案价值的有关标准，如编制档案保管期限表等；

第二，根据有关标准，判定具体档案的价值，确定其保管期限；

第三，将失去保存价值的档案，进行销毁或作相应的处理。

（二）档案鉴定工作的意义

首先，档案鉴定工作是提高档案管理质量的有效途径。随着社会的发展和各项实践活动的进行，新的档案不断产生，档案数量日益增多，库房内所存档案逐渐变得庞杂，有些档案随着时间的推移，失去了原有的保存价值，没有继续保存的必要，而有些档案则要继续保存，有用和无用的档案混杂在一起，势必造成玉石不分，影响对有价值的档案的管理和利用。因此，需要对档案价值进行鉴定，一方面缓解库房压力，另一方面提高档案管理质量，使有价值的档案的保管条件得到改善。同时，有利于把有价值的档案提供给利用者,提高档案馆服务水平;在发生意外事件时,便于迅速地抢救和转移重要档案。

其次,档案鉴定工作是决定档案命运的重要工作。档案鉴定工作是一项非常严肃的工作。如果错误地销毁有价值的档案,将会造成无法挽回的损失;如果保存大量无价值的档案又会造成档案膨胀,达不到鉴定工作的目的。由于档案鉴定标准的弹性大和档案工作人员在实际鉴定工作中不可避免地带有主观随意性,对档案未来作用的预测难以完全准确,所以,有些人说,文件鉴定工作是全部工作中最困难和最重要的一项专业活动。

(三) 档案鉴定工作的原则

鉴定档案时,应从党和国家的现实需要和长远需要出发,运用辩证唯物主义和历史唯物主义观点,以全面的、历史的、发展的观点去分析考察档案的现实价值和历史价值,准确地判定档案的保管期限。销毁失去保存价值的文件,保证档案的完整、安全和质量,从而更好地进行保管和利用,更好地为社会主义事业服务。在我国社会主义档案事业中,档案鉴定工作首先要以党和国家的根本利益作为衡量档案价值的根本出发点,这是档案鉴定工作总的指导思想,也是档案价值评价的基本标准。如果偏离了这一点,必然会破坏档案的完整性,给党和人民带来不可挽回的损失。古今中外许多历史和现实的实践都曾表明,由于某种狭隘利益的支配,以个人的好恶和小团体的利益为准则判定档案的价值,有意识销毁某些有价值的档案,必然会成为历史的罪人。总之,用全面的、历史的、发展的观点判定档案的价值,是鉴定档案原则的主要内容。

1. 用全面的观点判断档案价值

全面地分析和考察档案的价值,是档案鉴定工作中的一条根本原则。具体可以从以下三个方面来理解。

(1) 判定档案的价值。不能单从档案的自身特点或社会需要的某一方面为标准,而应将二者结合起来,全面地评价档案的价值。这是因为档案的价值表示的是档案的自身特点与社会需要的特定关系,如果只考虑其中的某一方面,都未免有失偏颇。如有人认为,社会需要决定档案价值的大小,社会需求越大,档案价值也就越大。也有人认为,档案的价值大小是由档案自身的特点决定的,文件的内容、形式等方面的特征是决定档案价值大小的决定性因素,与社会的需要无关。还有人认为应该从档案的形成和管理中花费的劳动量去考虑档案的价值。这些认识都没能从根本上解决如何判定档案价值的问题。如果以社会的需要为标准判定档案的价值,社会需要有时间早晚问题,有些档案即使目前尚未被人们发现利用,但由于其自身的特点,如特殊的格式、特定的印章、特殊的花纹纸张等,都可能成为将来利用的重点。只因为其目前没被社会利用就判定其价值不大或没有价值,很显然是不合适的。因此,判定档案价值时应把档案的自身特点与社会需要结合起来考虑,全面地评价档案价值。

（2）运用全面联系的观点分析评价档案的价值。判定一份档案文件价值的大小，不能以一份文件来单独判定，而应将其与其他相关的档案文件结合起来考虑，从整体系统中全面地分析每份文件、某部分档案的价值，这样才能更好地坚持全面的观点。

（3）全面地预测社会对档案的需要。由于社会对档案的需要是多层次、多角度、多方面的，所以在鉴定档案价值时，应进行全面的考虑，既要考虑本机关的需要，也要考虑社会其他单位或个人的需要；既要考虑当前的需要，也要考虑长远的需要；既要考虑查考凭证的需要，也要考虑学术研究、编史修志的需要。总之，应对档案不同的需要综合考虑后再去判定档案的价值，而不能只从本机关的需要和当前的需要出发判定档案的价值。

2. 用历史的观点判断档案价值

鉴定档案要尊重历史，运用历史唯物主义的观点和方法，科学地甄别档案价值。由于档案是历史的记录，是在一定的历史条件下形成的，是当时社会活动的真实记录，因此分析档案的价值必须把档案放在它所形成的历史环境中，去具体分析档案的内容和形式以及档案文件的相互关系，并结合现实需要考虑档案的价值。即使是历史上形成的内容不正确的文件，也不能轻易弃毁，而应根据当时的历史条件加以分析，以维护历史的本来面貌。总之，只有坚持历史的观点，才能准确地鉴定档案的价值，任何实用观点和非历史的观点都是必须摒弃的。

3. 用发展的观点判断档案价值

由于档案的作用具有时效性和扩展性的特点，因此判定档案的价值，不能只拘泥于目前需要，而要用发展的眼光预测档案的长远作用。有些档案目前有用，但将来不一定有用；有些档案目前没用，但将来可能有用。因此，判定档案的价值，应"瞻前顾后"，运用辩证唯物主义和历史唯物主义的观点和方法，预测档案的长远历史作用，要站得高，看得远，有科学的预见性。

（四）档案鉴定工作的制度

档案鉴定工作是一项科学性非常强的工作，它要求运用科学的鉴定方法及客观的标准来判定档案的价值。同时，档案鉴定工作又是非常严肃的一项工作，它关系着档案的"生死存亡"，如果处理不当，将会造成无法挽回的损失。因此，在进行档案鉴定时，应建立并严格遵守档案鉴定工作制度，确保档案鉴定工作的合理、有序、高质量地完成。我国档案鉴定工作制度的内容，主要有以下三个方面。

第一，档案的鉴定工作应按党和国家制定的鉴定工作原则和鉴定标准进行。如国家档案局颁发的《关于文书档案保管期限的规定》和《文书档案保管期限表》以及其他有关档案鉴定的指示性文件，都是档案鉴定工作的依据。

第二，档案鉴定工作必须有组织有领导地进行。首先，应组成档案鉴定小组，该小组由档案部门、有关的业务部门及熟悉档案情况的人员组成，并由指定领导负责组织。其次，召开鉴定小组成员会议，制定档案鉴定工作计划，研究有关档案鉴定的纲领性文件，对鉴定的标准给以明确的界定，以尽量避免鉴定过程中的主观随意性。再次，熟悉需要鉴定的档案的内容和成分，有组织有秩序地进行鉴定工作。在鉴定过程中，遇有难以确定价值的文件，应由小组成员共同研究解决。

第三，销毁档案必须经过一定的审批手续，任何人不得随意销毁档案。经过鉴定后，对于没有保存价值的档案，应登记销毁清册，并写出鉴定报告，报请有关负责人批准后方可销毁。一般情况下，机关档案室销毁档案，应经机关负责人批准。档案馆销毁档案，必须报请主管领导机关批准。销毁1949年以前的历史档案，同时还应报告国家档案局。

（五）档案价值鉴定的标准

为了保证档案鉴定工作的质量，应建立明确的档案价值鉴定标准。档案价值鉴定标准是以客观存在的档案价值构成为基础，分析档案文件的各种特征及其对社会需要的依据。档案价值鉴定标准主要有来源标准、档案内容标准、档案形式特征标准和相对价值标准。

1. 档案来源标准

档案的来源是指档案的形成者。档案的形成者在社会上以及机关内的地位、作用和职能可影响甚至决定档案的价值。机关在鉴定档案时，应注意区分不同的作者。一般情况下，各机关主要保存本机关制成的文件，对于外机关的来文，应视具体情况决定价值大小，与本机关有隶属关系或针对本机关主管业务的，需要贯彻执行的文件比无隶属关系或非本机关主管业务、不需要贯彻执行的文件价值要大。在本机关制发的文件中，不同的撰写者、制发机构也对档案的价值产生影响。机关领导人、决策机构、综合性办公机构、主要业务职能部门、人事机构制发的文件，由于其反映本机关的主要职能活动和基本情况，文件价值相对比较大。

2. 档案内容标准

档案内容是决定档案价值最重要最本质的因素。人们利用档案，最主要的是利用档案所记载的事实、现象、数据、经验、结论等内容，当这些内容能满足利用者的某种需要时，就构成了档案的某种价值。对档案内容的分析应从以下几个方面考虑。

（1）档案内容的重要性。一般来说，反映方针政策、重大事件、主要业务活动的档案比反映一般性事务活动的档案重要；反映全面性问题的档案比反映局部问题的档案重要；反映典型性问题的档案比反映一般性问题的档案重要；反映本机关主要职能活动、中心工作和基本情况的档案比反映非主要职能活动、日常工作和一般情况的档案重要。

（2）档案内容的独特性。内容独特、新颖的档案对利用者富有吸引力，具有较高的价值。在鉴定其全宗档案价值时，应对某些特色档案给予特别重视，如记述本机关特殊事件、特殊产品、特殊人物、特殊成果以及某些特殊传统的档案和反映本机关改革、发展过程中具有开创意义的新人、新事、新政策新做法的档案等，这些档案由于其内容的独特性而具有较高的价值。

（3）档案内容的时效性。文件的时效性对档案的价值发生直接的影响，文件内容不同，其有效期的长短以及对档案价值的影响程度也不相同。如方针政策性、法规性、综合计划性文件在失去现行效用后，其价值将由行政价值较高转为科学价值。而契约、合同、协议等法规方面的文件，通常在有效期及法律规定的时效期内十分重要，此后便降低以至失去保存价值。因此，鉴定档案时要具体分析每份文件的时效性对其价值的影响。

除上述三方面之外，档案内容的真实性、完备性也是影响档案价值的重要因素。

3. 档案形式特征标准

档案文件的名称、责任者、形成时间、载体形态、记录方式等，在某种情况下也对档案的价值发生影响，文件的名称有特定的性能和用途，因而可以在一定程度上反映出文件的价值。一般说来，决定、决议、命令、指示、条例等往往用于反映方针政策，具有权威性和重要性，价值较高。而通知、简报等往往用于反映一般性事务，价值较低。文件产生的时间距离现在越远，越要多保存一些，在某些重要历史时期产生的文件，往往具有重大价值。文件的正本具有标准的格式，有机关的印章或负责人的签署，是机关进行工作的依据，可靠性大，其价值也大一些。副本、草稿、草案的可靠性差一些，价值也小一些。某些重要文件的草稿、草案可以反映文件的形成过程，也具有较高的保存价值。有些事件可因其载体古老、珍稀而具有文物价值，有些文件可因书法或装帧而具有艺术价值，也有些文件可因有著名人物的题词、批注、签字而具有纪念价值。

4. 相对价值标准

相对价值标准是指在一定的情况下，某些文件的保存价值和保管期限可以相对地提升或降低。从理论上讲，每份文件的价值取决于档案客体属性及其满足利用者需要的程度，都是客观存在的，但从我国档案管理体制和档案工作原则出发，实际上还有一种被鉴定档案与其他档案相比较而存在的价值，就是所说的相对价值。

根据上述标准鉴定档案价值时，切忌片面地强调某一方面而忽略其他方面，必须综合地考虑文件各方面的特点与作用，全面联系地把握档案价值。

二、档案的保管

（一）档案保管工作的内容

1. 入库存放

档案在库房中以全宗为单位进行排列。但一些特殊载体和类型的档案，如照片、影片、录音档案、录像档案、科技档案以及会计档案等，应该分别保管。为了保持同一全宗内文件之间的历史联系，应该在全宗指南、案卷目录等检索工具中对此加以说明，并在全宗末尾放置全宗保管位置参见卡，指明存放地点。纸质档案在装具中的存放方式有竖放和平放两种。竖放时案卷脊背朝外，可以直接看到卷脊上的档号，便于调卷。平放的方法虽然不便取放但对保护档案有利，适合于保管珍贵档案和不宜竖放的档案。

2. 库房管理

档案的库房管理工作内容主要包括：档案库房编号、档案装具的排列和编号、全宗的排列和档案上架、档案存放秩序的管理。

3. 利用过程中的保护

档案利用过程中的保护主要包括：建立档案使用登记和交接制度、对档案利用行为的规范和限制、对档案利用方式和利用场所的限制、对重要档案的保护性措施。

4. 安全防护和应急管理

档案的安全防护和应急管理主要包括：建立人员进出库制度、库房温湿度的控制、库房的"八防"（防盗、防光、防高温、防火、防潮、防尘、防鼠、防虫）措施、库房检查和清点、档案工作突发事件应急管理机制。

（二）档案保管工作的任务

档案保管工作的根本任务是维护档案的完整与安全，捍卫档案的真实性。具体体现为建立档案的入库存放制度和库房管理制度，采取各种有效措施，使各种载体档案保持稳定、良好的理化状态，延长档案的寿命。尤其是对于大量产生的电子档案还需要采取特殊的保管措施，以维护其载体和内容的安全性。

（三）档案保管工作的要求

档案保管的基本要求如下：

第一，建立科学的档案管理制度，实现档案保管的规范化和标准化；

第二，配置适宜安全保存档案的专门库房，配备防盗、防火、防渍、防有害生物的必要设施；

第三，档案实行分等级管理，对于永久保存的档案应进一步明确保管的等级，根据档案的不同等级，采取有效措施，加以保护和管理；

第四，根据需要和可能，配备适应档案现代化管理需要的技术设备。

(四) 档案保管期限的划分标准

档案鉴定工作的内容之一，就是在判定档案价值的基础上，确定档案的不同的保管期限。确定档案保管期限的标准如下。

1. 永久保管的档案

凡是反映本机关主要职能和基本历史面貌的，在经济建设、文化建设、政治斗争和科学研究中需要长远利用的档案，应列为永久保管。这类档案主要包括两部分：一是本机关工作中制定的重要文件，如指示、决议、决定、工作计划和总结、请示和报告以及有关机构演变、人事任免的文件材料等；二是上级机关颁发的属于本机关主管业务并需要贯彻执行的重要文件，如指示、命令、批复等，以及下级机关报送的有关方针、政策性的和重要问题的请示、报告、总结等文件材料。上述标准对于现行档案文件适用。对于历史档案，特别是革命历史档案和明清以前历代封建王朝的档案，则无论其内容如何，都应列入永久保存之列。

2. 长期保管的档案

长期保管的档案的保管期限在 16~50 年之间。凡是在相当长时间内本机关需要查考的档案，应列为长期保管。这类档案也主要包括两部分：一是本机关工作中制成的、在相当长时间内需要查考的材料；二是上级机关颁发的和下级机关报送的比较重要的文件材料。

3. 短期保管的档案

短期保管的档案的保管期限为 15 年以下。凡在短时间内本机关需要查考的各种文件材料，均应列为短期保管。

档案不同保管期限的划分标准是一种原则上的标准，在具体划分档案的保管期限时，主要是从档案自身的特征着手，即从档案的内容特征、来源特征、形式特征等方面来判断档案的保存价值，同时要考虑社会利用的需要和一份档案与其他档案之间的联系，这样才能更准确地判定档案的价值。

(五) 档案的销毁标准

档案的销毁工作通常是在两种情况下进行的：一是从档案的内容来看，没有保存必要的档案；二是从保管期限来看，保管期满的档案。在对上述两种档案进行销毁时，应特别慎重，以免因错误地销毁档案而造成无可挽回的损失。

1. 销毁档案的内容标准

凡是国家规定不属于归档范围的文件材料都应该销毁，主要包括重份文件，无查考利用价值的事务性、临时性文件，未经签发的文电草稿，一般文件的历次修改稿，铅印文件的历次校对稿，机关内部相互抄送的文件材料，为参考目的从各方面收集来的文件材料，本机关负责人兼任外机关职务形成的文件材料，参加非主管机关会议带回的不需要贯彻执行或没有查考价值的材料，下级机关送来的不应抄报或不必备案的文件材料，上级机关任免或奖惩非本机关工作人员的文件材料，越级或非隶属机关抄送的一般的、不要求办理的文件材料，外机关送来的征求意见的未定稿文件，无特殊保存价值的信件、提出一般意见或建议的人民来信等。

2. 销毁档案的保管期限标准

凡是保管期满的档案，经复查鉴定后，确认没有继续保存的必要，就可以经过一定的销毁手续进行销毁。

第四节 档案资源利用与服务

随着网络信息技术的不断发展，越来越多的档案部门将信息技术与档案管理有效融合，推动数字档案管理发展，已成为档案管理工作发展的重要方向。而且数字档案相比传统档案来说，利用起来更加方便快捷，在未来，档案数字化将成为必然的趋势。但数字档案资源整合还存在一些问题，如何丰富与利用档案信息资源，已成为档案部门必须面对的现实课题。在这一背景下，有必要对数字档案资源整合、利用与服务机制构建相关问题进行探讨，提出数字化档案资源整合与利用的现实路径，并构建数字档案资源整合、利用与服务的协同机制，推动档案事业向前发展。下面，我们就以数字化档案为例，介绍档案资源的利用与服务。

一、数字化档案资源整合的必然性

数字档案管理已经成为信息时代档案事业发展的必然要求。随着网络信息技术的发展，形成了海量的数字档案资源。面对数量庞大的数字化档案资源，如何对其进行开发和利用，就成了必须解决的现实问题。因此，在数字转型背景下，档案管理部门应重视数字档案的价值和作用，走档案管理数字化之路，用协同服务理念推进数字档案资源整合和利用，提升对数字档案资源的整合能力，实现对档案信息资源的合理开发和利用，进一步提升档案管理部门的服务效率和质量。[①]

　　档案管理工作在不同的历史时期体现出不同的特点，因此在新的历史时期，必须注重档案管理工作出现的新情况和新问题。随着数字时代的到来，档案管理变得更为复杂。随着各种类型数字档案资源的增多，档案不兼容问题越来越突出。因此，只有推进档案数字化管理，实现对数字化档案资源的有效整合，才能在新的历史时期推动档案管理工作创新。而协同创新是数字档案资源整合、利用与服务机制建设的重要手段，有助于实现各类档案信息管理系统的对接和资源共享，加快档案信息传递效率，实现档案信息资源的有效共享，拓展档案信息资源服务范围，充分体现数字档案资源的价值和作用。特别是在数字时代，社会公众对档案服务提出了多元化要求，有必要构建和完善数字档案资源整合、利用与服务机制，提升档案资源服务质量和效率，以更好地适应社会公众对档案管理工作的多元需求。

二、数字档案资源的整合与利用

（一）档案信息组织的强化

　　档案信息组织是指按照一定的原则和方法，依赖于先进的信息技术手段，将原来无序状态的特定档案信息经过档案信息组织，使其成为有秩序、系统化的档案资源。经过档案信息组织加工过的档案信息，能够满足用户的多种检索需求。传统的档案信息组织多局限于文本信息组织，采取的方法主要有责任者组织法、主题组织法和分类组织法等，通过索引、文章目录、综述等方式对档案信息的内容和特征进行概括，显然功能过于简单。档案管理部门应加大对信息技术研发力度，实现档案信息组织具备人类大脑知识记忆的部分模拟功能，提升档案信息组织的智能化水平，使档案信息资源不仅能够真实全面地反映信息本身记录的内容，还能够顺畅地帮助用户提取获得。

（二）档案信息资源的集成

　　数字化档案资源整合并不是简单地对档案资源进行叠加，机械地对档案信息资源进行抽取和利用，而是按照一定的标准，运用一定的技术，使数字档案资源得到有效融合，通过各种类型档案信息的交叉、汇总、集成，建立起由各种可利用资源组成的，具备一定结构顺序的用户导航与查询界面，进而为用户提供档案信息服务需求，更充分地实现数字档案资源的功能和价值。一方面，应注重传统档案资源与数字档案资源的融合利用，重点解决传统档案资源与数字档案资源在利用过程中的"各自为政"问题，通过对传统档案资源

[①] 李静. 数字档案资源整合与服务机制的发展策略 [J]. 青春岁月，2019 (20)：453.

的合理转化，扩大数字档案资源规模，为档案信息资源集成奠定坚实基础。另一方面，应明确档案信息资源集成标准，实现传统纸质档案资源与数字档案资源的无缝衔接，通过对传统档案信息资源和数字档案信息资源的组织和加工，提炼出有价值的档案信息资源，实现有价值档案信息的有效存储和管理。此外，应采用必要的技术方法和手段，实现档案资源管理与服务的有效整合，提升档案管理部门的服务范围，重点发展数字化档案服务，重塑数字化背景下的档案服务模式，实现档案信息资源集成服务效果最大化。

（三）专题档案资源调查的实施

这是档案信息资源整合的重要基础，也是优质档案资源库建立的必备条件。在此过程中应注意一些事项。

第一，明确专题档案资源调查原则。结合专题档案资源特点，确定专题档案资源调查原则，为后续工作开展明确方向和思路。一般情况下，应以着眼于档案资源整合、实现档案共享、充分发挥档案作用为专题档案资源调查的基本原则。

第二，收集与专题档案调查相关的各类信息资源，明确信息资源的来源机构以及分布特征，以便更好地把握和利用专题档案资源。

第三，明确调查对象，可以按照时间脉络、人物脉络和地域分布脉络明确档案信息资源的关键要素，并以此为基础确定调查对象。

第四，构建完善专题档案资源调查方案。结合专题档案资源调查具体情况，设计和完善具体的调查表和实施策略，明确专题档案资源调查注意事项，确保专题档案信息资源调查方案的全面性和系统性。

第五，撰写专题档案资源调查报告。专题档案资源调查本身就是数字档案资源整合的重要方式之一，通过专题档案资源调查能够实现信息标准整合、法律法规整合、数据库整合等。因此，在数字档案资源整合过程中应选取灵活多样的专题档案资源调查方式方法，提升数字化档案资源整合效果。

三、协同数字化档案资源整合与服务机制

数字档案资源整合的最终目的是为经济社会发展服务，为广大人民群众服务。因此，有必要建立数字档案资源整合与服务机制，实现数字档案资源整合与服务的协同，更好地发挥其特殊价值和作用。

（一）管理协同

从数字档案资源整合本身看，所有整合的信息都存在某种联系。因此，有必要利用管理协同理念，对数字档案资源内部的各个子系统进行时间、空间和功能结构的重组，通过

管理协同和信息技术创新，突破数字档案资源的"信息孤岛"鸿沟，实现对数字档案资源的统一规划、管理和开发利用。在推进数字档案资源整合与服务机制协同时，应打造社会化、开放、协同的服务模式，对分散的不规则的数字档案信息进行整合，打破数字档案信息资源之间的壁垒和边界，明确服务社会、服务群众的具体原则，运用各种管理方法和技术手段，实现对数字档案资源的高效共享、协同，发挥数字化档案信息资源的整体效用，实现数字化档案信息资源的深度开发、利用和增值。

（二）组织协同

协同理论研究的重点在于如何实现各种系统从无序变成有序，而组织协同则是通过一定的组织方法，实现组织的科学有序。当前我国档案管理体制仍然遵循集中统一、分级管理的基本原则，这为数字档案资源的整合利用与服务机制构建创造了有利条件，但要想真正实现数字档案资源的协同服务，还须对当前的管理体制进行创新，赋予组织一些新的功能，通过组织协商，实现档案管理机构之间的良性高效互动，构建顺畅的数字档案信息沟通网络。同时，在协同模式下还应推进系统组织协同机制共建，推动跨系统协同档案服务组织模式创新，提升协同管理效率，进而达到"超链接"和松散耦合的关系，实现数字化档案资源整合与服务机制的协同目标。[1]

（三）制度协同

当前困扰数字化档案资源整合与服务机制协同的一个重要因素，是制度机制不规范。因此，有必要结合当前数字化档案资源整合与服务机制协同构建的具体需求，明确数字化档案资源管理的具体标准、规范和要求，形成相应的制度机制和考核办法，用规范化的方式推动数字档案资源整合，同时也为数字资源整合与服务机制构建提供制度依据。一方面，在具体标准和规范确定上，应严格按国家关于电子档案、档案管理的相关法律法规规章制度，制定数字档案资源协同管理办法。另一方面，为提升数字档案资源整合与服务机制协同效果，应完善相应的监督管理机制，完善现有档案保密、奖惩、责任追究制度，解决数字档案资源整合与服务机制协同存在的问题，更好地发挥数字档案资源的价值和作用。

数字档案管理已经成为新的发展趋势，档案管理部门应该注重数字档案资源整合、利用与服务机制构建，充分利用网络信息技术，加大数字档案资源整合力度，完善相应制度机制，推动数字档案信息资源协同发展，更好地推动档案事业发展进程。

---

[1] 李静. 数字档案资源整合与服务机制的发展策略[J]. 青春岁月, 2019 (20): 453.

第四章

现代档案信息化建设与管理

第一节 档案信息化及其建设意义

一、档案信息化的含义

档案信息化是在国家档案建设管理部门的统一规划和组织下，在档案管理的活动中全面应用现代信息技术，对档案信息资源进行数字化管理和提供利用。档案管理模式从以档案实体保管和利用为重点，转向档案信息的数字化存储和提供服务为重心，从而使档案工作进一步走向规范化、数字化、网络化、社会化。

换句话说，档案信息化是指档案管理模式从以档案实体为重心向以档案信息为重心转变的过程。这是一个长期的发展过程，在这一过程中，要不断地采用现代信息技术装备档案部门，从而极大地提高档案管理和利用的现代化水平。

二、档案信息化建设

信息化时代下，我国档案建设发展要与时俱进，跟上时代前进的脚步。档案管理人员必须及时更新自身的档案信息化建设与档案管理工作理念，注重提升自身的实践创新意识和能力，自主学习并掌握各种先进的信息化管理技术，完善档案管理的内容与方式，最大程度地提升档案信息化建设与档案管理水平，从而有效满足档案服务社会的发展要求，为广大用户提供优质可靠的档案综合服务。

档案机构要结合自身工作情况和要求，合理引进并应用各项信息化智能设备与技术，帮助员工掌握信息化管理手段，创建良好的信息化档案管理环境，使以往以档案保管利用为主的职能部门，转换为以信息采集整理、处理分析以及服务为主的职能部门。[①]

新时期档案信息化建设的重要意义是全面提升档案管理综合水平。传统的档案管理模式，更多的是依赖人工管理的方式进行档案信息资源的收集整理与储存。该种方式需要消耗大量人力、物力资源，且整体工作质量和效率偏低。而通过加强档案信息化建设，合理规范采用信息化技术开展档案管理工作，不仅能够实现海量档案信息资源的安全高效传递和共享，还可以优化配置，利用好各项档案资源，为有关部门对外提供优质完善的信息化档案服务打下坚实的基础。

在档案信息数据库的搭建应用下，收集整理全元善的档案信息，能为相关部门、管理层作出最佳管理决策提供科学准确的信息数据资源，同时还能够为科学普及、科研工作提供便捷的服务。传统档案管理模式会受到空间、时间等因素的限制，而信息化档案建设则能够有效打破该弊端，科学有效地解决传统档案建设管理中各项信息资源配置不足、利用实效性偏低的问题。

满足服务社会必然发展趋势要求档案作为社会建设发展过程中极为重要的信息资源，与社会民众的学习工作生活有着密不可分的联系。档案管理部门最主要的职责就是为大众做好服务。

随着时间的不断推移，信息化技术不断创新完善，传统档案管理模式已经难以有效适应当下社会民众高效便捷获取档案信息的需求，也无法实现海量档案信息资源快速传递共享的目标，档案管理部门也存在管理无序、考核机制不健全等问题。

在档案信息化建设发展环境下，进一步完善档案工作实践的发展途径，构建管理科学、结构合理、服务水平高的档案信息资源管理利用新模式，有利于有效拓宽档案服务范围，优化改善档案服务的内容与形式，从而最大程度地贴合服务社会的必然发展趋势，让各项档案信息化服务更加满足现代社会民众的需求，使其在工作生活中快速获取自身需求的档案信息资源，从而赢得广大用户的认可和支持。

三、档案信息化的建设意义

（一）档案信息化能丰富档案信息存储量

在如今的档案信息化建设工作中，相关档案机构管理部门可以通过先进的信息化技术，进一步丰富完善档案信息存储量。

在档案信息化管理中，常用到的信息技术包括数字扫描技术、缩微技术以及光盘技术等。对这些先进技术进行创新并将其应用在档案信息管理工作中，能够促使海量的档案信

[①] 张楠. 新时期档案信息化建设的策略研究［J］. 文化产业，2022（23）：25-27.

息在极小的载体上得以容纳和保存。

与传统纸质档案相比,信息化技术支持下的档案存储密度有了极大的提升,同时,其还能最大限度地降低档案信息的存储管理成本。传统纸质档案更多的只是记录文字、图片、表格等数据信息,而信息化档案能综合记录文字、图像、视频以及音频等多元内容,且其实际占据的载体空间较小,不需要投入大量的人力、物力成本,可以创造出更多的社会经济效益。

(二) 档案信息化能实现档案自动化管理

在社会发展新形势下,电子档案系统的优化设计应用显得尤为重要,其能够辅助档案机构实现档案的自动化建设管理目标。因此,为了更好地满足现代化档案告理工作需求,方便用户高效查阅档案信息内容,可以对档案信息进行科学等级划分,并把能够对外公开的档案信息内容优化制作或电子档案,有效上传至档案官方网络平台中,指引用户进行检索,查询自身所需的档案信息。

电子档案系统的搭建是由机构主管部门的相关工作人员进行的,且其还需要加强对该系统的日常雏护管理,使广大用户能够切身体验到优质便捷的电子档案服务。

除此之外,信息化技术辅助下的电子档案的建立,还能够有效减轻档案管理人员的日常工作量,避免因频繁翻阅纸质档案资料造成重要资料损毁,充分保障档案信息资源的安全。

第二节 档案信息化建设的保障体系

一、标准规范保障体系

进入 21 世纪以来,我国有一批档案信息化的国家标准、行业标准和地方标准相继出台,但是从总体讲,配套性和系统性还不够,与信息化发展的要求相比显得比较滞后。进一步完善档案信息化标准规范体系,是当前档案信息化面临的迫切任务。

(一) 标准规范保障体系的建设原则

制定我国档案信息化标准规范,要符合中国国情,符合国家信息化工作的基本方针,同时兼顾与相关国际标准和发达国家档案信息化标准的衔接,并且遵循以下原则。

1. 适度超前原则

档案信息化标准是对档案信息化建设过程中出现的各种重复性事物和概念所做的统一规定,标准的对象在档案信息化建设中是随着时间的变化、技术的更新而不断变化的。因此，在档案信息化标准规范建设过程中，要考虑信息时代和网络环境的变化，要有前瞻性和预见性，能在一定程度上预测社会和技术的发展方向，并充分考虑相关标准的制定时机，坚持适度超前原则。标准的制定时机过于超前，可能会使标准因缺乏实践基础而偏离主题，甚至给档案信息化工作造成误导；过于滞后，则会造成大量既成事实的不统一，需要耗费大量的人力、物力进行返工统一。档案信息化标准规范建设，要在有初步经验的基础上，根据现实情况并结合未来档案信息化发展状况开展相关工作。

2. 坚持开放原则

当今社会是一个开放的社会，各行业的开放程度、行业之间的交叉融合程度越来越高。在进行档案信息化标准规范建设过程中，应自始至终坚持开放性原则。

（1）要采纳各种开放标准。开放标准是指那些知识产权明确属于公共领域、采用开放语言和标准格式描述、有可靠的公共登记和持续的维护机制、有可靠的开放转换和扩展机制、公开发布详细技术文件并可公共获取的标准规范。在档案信息化标准规范建设过程中，首先应考虑采用开放标准，既可以避免重复劳动，又可以保证较高的标准化水平。

（2）要采纳各种国际标准。国际标准是由国际标准化组织所制定的标准，是由世界各国的专家参与制定的，它含有大量科技成果和成熟的管理经验，代表着当代科学技术和生产管理水平。档案信息化建设并不是我国独有的工作，世界各国的同行们都在进行这一项工作，其中不乏一些起步较早，水平较高的档案信息化建设案例。在档案信息化标准体系建设过程中，我们应认真学习先进的国际标准，如ISO15489《信息与文献——文件管理》和ISO14721《开放档案信息系统参考模型》（Open ArchivesIn formation System，OAIS）等，并根据自身的实际情况进行定制、修改及扩展，既能保证标准水平的提高，又能加快我国档案信息化建设与国际接轨的速度。

（3）要参照相关专业的信息化标准。"他山之石，可以攻玉。"档案工作与图书馆工作、情报工作、博物馆工作等相关专业工作存在着一定的相似性。在进行档案信息化标准体系建设过程中，应当充分吸收相关专业在信息化标准建设方面的成功经验，尤其是图书馆在信息化标准体系建设方面较成功的经验。

（4）要考虑与相关标准的兼容性。在制定本单位、本行业标准规范时，要注意处理好和国际、国内信息界相关标准规范的兼容关系，还要注意和其他相关领域，如电子政务、数字图书馆建设之间的兼容关系，特别要处理好与国际、国家、行业、区域有关标准规范之间的兼容关系，以便在档案信息系统建设后能与其他相关系统顺利衔接，资源共享。

3. 动态管理原则

档案标准化过程并非一蹴而就，而需要在实践中不断补充、提高、扩展。动态性原则是指要根据档案信息化建设的实践发展，对标准不断进行修订、充实和完善。档案信息化建设是一个长期的过程，在这个过程中，标准规范的对象会随着时间的变化而不断发生变化。特定的标准是根据特定的时间、特定的环境、特定的对象制定的，虽然要求标准制定者在制定标准时，要充分考虑到未来的变化，但是预测与变化往往会有偏差。因此，标准制定完毕后，要根据实施情况及规范对象的变化及时进行修订。由于信息技术发展迅猛，因此，对于档案信息化方面的标准，实施后3~5年就要进行审视。对于不适应实际的标准，要及时废止；对于部分不适应，要及时部分更新；标准规范的制定或修订既要针对档案信息化出现的新情况和新问题，又要尽量继承以前标准规范的条款，保持标准的稳定性，避免大起大落，以免使实践工作无所适从，陷于被动。

（二）标准规范保障体系的主要内容

档案信息化标准规范建设可以从管理、业务、技术和评价等层面来制定和推行。

1. 管理性标准规范

管理性标准规范是对电子档案信息资源建设和档案信息化建设、运行维护工作进行管理的一套规则，包括计算机安全法规与标准、数字档案信息资源合法性的确认等。它需要国家档案行政管理部门统一制定并推广实施，以保证电子档案信息的统一规范和资源共享。

档案信息化管理性标准规范包括两个方面，一是对人的管理性标准，主要是指对与档案信息化建设相关的人员进行管理的标准，包括档案工作人员管理标准、软件设计人员管理标准、用户管理标准、用户角色控制标准，用户权限审批标准等，明确档案工作人员的职责和任务，以及用户的权利和义务，以保证档案信息化建设各项工作的正常开展。二是对物的管理性标准，主要是指对数字档案信息资源实体的全过程规范化管理，以及对信息化设备，如机房、硬件、软件存储载体的规范化管理，主要规范这些资源可以给谁用、如何使用和如何保管的问题。

2. 业务性标准规范

业务性标准规范是对档案信息化及电子档案业务处理进行的规定，解决业务操作行为不统一的问题。其范围包含与档案信息化相关的术语标准；档案信息采集标准，包括数字信息资源建设所涉及的数字化加工、元数据、资源创建、描述等；信息管理标准，包括数字信息资源组织、资源互操作；信息利用标准，包括数字信息资源检索、服务；信息存储标准，包括数字信息资源长期保存等；电子档案的术语标准及管理规范，包括电子档案的基本术语、资源的标识、描述电子档案的文件格式、元数据格式、对象数据格式等，如《电子档案管理基本术语》（DA/T58-2014）。

国家现已颁布的标准《CAD电子档案光盘存储、归档与档案管理要求》（GB/

T17678.1—1999)、《电子档案归档与管理规范》（GB/T18894—2002），是电子档案收集、归档、整理、保管与利用的统一规范；《电子公文归档管理暂行办法》（国家档案局令第6号）、《电子档案移交与接收办法》（档发〔2012〕7号）和《公务电子邮件归档与管理规则》（DA/T32—2005）是对电子公文、电子档案、公务电子邮件归档、管理及安全有效利用的规范。

目前，国家档案局正在组织力量制定《档案数字资源加工规范》《电子档案档案著录规则》《电子档案保管期限表》《电子档案鉴定标准》等。这些标准的制定，除了参照国家关于纸质档案的有关规定外，还参考了国际档案理事会和其他国家或机构制定的相关标准，如国际档案理事会电子档案委员会制定的《电子档案管理指南》，美国国家档案与文件管理署（NARA）发布的《电子档案管理规范》《国家战略：制定与贯彻联邦政府电子档案的产生、传输、存储与长期保存的标准》，美国明尼苏达州档案馆制定的《政府电子档案鉴定指南》，澳大利亚政府颁布的《电子消息的管理政策与实施细则》《澳大利亚数字载体存取与保护的原则》《联邦政府网络文件管理准则》，新加坡国家档案馆制定的《政府电子档案的保管与处置》等。

3. 技术性标准规范

技术性标准规范是对档案信息化及电子档案管理有关技术应用进行的规定，主要解决技术应用不适当而导致的质量问题。其范围包括硬件基础设施建设技术标准、软件系统工作平台技术标准、数据存储压缩格式规范、数据长期保存格式规范、数据加密算法规范、网络数据传输规范、数字水印标准等。

国家现已颁布的技术性标准规范有《纸质档案数字化技术规范》（DA/T31—2005）、《电子档案归档光盘技术要求和应用规范》（DA/T38—2008）、《文书类电子档案元数据方案》（DA/T46—2009）、《版式电子档案长期保存格式需求》（DA/T47—2009）、《基于XML的电子档案封装规范》（DA/T48—2009）等。

目前，国家档案局正在自主制定或联合相关部门制定的技术性标准规范有：《档案信息应用系统技术标准》《档案信息数据存储、压缩格式规范》《数据加密算法规范》《数字水印标准》《电子档案存储格式与载体规范》《照片档案数字化技术规范》《电子档案元数据标准》等。

4. 评价性标准规范

评价性标准规范是对档案信息化及电子档案管理的成果和效用进行评判的指标体系，包括档案信息系统（包括数字档案室、数字档案馆、电子档案归档管理等系统）的研制、档案信息资源的开发和利用、信息安全、信息技术应用的广度和深度、信息化人才开发、信息化的组织和控制、信息化的效益等评价的标准。其中信息资源开发和利用应该是测评指标体系中的重要部分，可细化为馆（室）藏档案数字化的数量、多媒体编研成果的种类和数量、数字信息的提供利用方式、数字档案的利用频率等。

（三）标准规范保障体系的贯彻落实

标准一旦颁布生效就应当具有严肃性和权威性。为了更好地落实档案信息化标准规范，要做好以下工作：一是档案信息化标准规范的宣传教育。通过举办专题培训班，或将有关标准内容纳入档案专业培训课程，宣传有关标准规范贯彻的意义、目的、内容、要求。二是采取行政手段，加强对档案信息化标准规范的宣传贯彻力度，做好常态化督促、检查和指导工作。三是将档案信息化标准规范的执行情况纳入信息化项目的评审、鉴定、验收程序和要求中，贯标通不过，责令整改，整改通不过，项目不予通过验收。有了规范要做规矩。所谓"做规矩"就是要对不贯标的档案信息化建设项目敢于否定，对貌似可行的违反规范的项目及时制止。从建设项目立项评估、可行性研究等前端开始，就给予强有力的标准指导和贯标监管。四是档案信息化标准规范建设要与时俱进。档案行政管理部门要收集贯标工作的信息反馈，及时发现标准规范脱离实际的情况，以便在调研分析的基础上对有关标准规范进行修订。五是档案信息化标准规范的修订要倾听行内有关领导、专家、业务骨干、计算机专业人员的意见，充分参考图书、情报、文博、电子商务、电子政务等相关标准，以便使标准规范做到向上、向下和横向兼容，确保其开放性、先进性和适用性。

二、信息安全保障体系

档案是国家的宝贵财富，是不可再生的重要信息资源，又具有一定的保密性，因此建立档案信息安全保障体系显得尤为重要。档案信息安全保障能力已经成为检验档案信息资源的保护能力、利用服务能力和档案事业软实力的重要指标。

档案信息安全是指构建动态的档案信息安全保障体系，确保档案信息的真实性、完整性、保密性、可用性、可控性。要保证档案信息的安全，就必须考虑到硬件、软件、数据、人员、物理环境、人文环境等多方面要素。档案信息系统的复杂性、开放性及面临威胁的多样性，决定了其安全防护是一项整体性的、综合性的系统工程。

档案信息安全保障体系由档案信息安全法律法规体系、安全管理体系和安全技术体系三部分组成。

（一）安全法律法规体系

信息安全首先需要建立档案信息安全法律法规体系，做到有法可依。该法律法规分布于档案专业的内部和外部。内部有涉及安全问题的档案法律法规，外部有涵盖档案管理的信息安全法律法规。

1. 涉及安全问题的档案法律法规

《中华人民共和国档案法》（简称《档案法》）是我国档案法律法规的基石，在《档案法》及其实施办法的基础上，近年来我国档案界陆续制定出一些关于或涉及档案信息安全的规章、标准和规范性文件。如国家档案局2002年颁发的《全国档案信息化建设实施纲要》和国家标准《电子档案归档与管理规范》中均有针对档案信息安全的具体规定；2013年组织制定了《档案信息系统安全等级保护定级工作指南》（档办发〔2013〕5号）以落实国家信息安全等级保护制度。很多地方和单位也颁发了档案信息安全保管方面的规章制度，如上海市档案局颁发的《上海市档案条例》《上海市档案信息化建设实施意见》中均有关于确保档案安全的条款。江苏省档案局颁发的《江苏省档案信息化建设保密管理办法》、黑龙江省档案局颁发的《黑龙江省档案信息化建设保密管理办法》等都专门针对档案信息化安全体系建设。

2. 涵盖档案管理的信息安全法律法规

我国档案信息化建设尚处发展初期，专门针对档案信息安全制订的法律法规较少，档案信息安全法律法规体系的主要内容仍由涵盖或涉及档案信息安全的信息安全法规构成。这些综合性的信息安全法律法规为档案信息安全提供了基本的法律规范，也应列入档案信息安全法律法规知晓和执行的范畴，同时，对制定和完善档案信息化的专门法律法规具有依据和参考价值。

我国自20世纪90年代初开始重视信息安全的法律法规建设。1997年3月修订的新刑法中开始加入了信息安全方面的内容。《刑法》第二百八十五条规定："违反国家规定，侵入国家事务、国防建设、尖端科学技术领域的计算机信息系统的，处三年以下有期徒刑或者拘役。"第二百八十六条规定："违反国家规定，对计算机信息系统功能进行删除、修改、增加、干扰，造成计算机信息系统不能正常进行，后果严重的，处五年以下有期徒刑或者拘役；后果特别严重的，处五年以上有期徒刑。违反国家规定，对计算机信息系统中存储、处理或者传输的数据和应用程序进行删除、修改、增加的操作，后果严重的，依照前款的规定处罚。故意制作、传播计算机病毒等破坏性程序，影响计算机系统正常运行，后果严重的，依照第一款的规定处罚。"第二百八十七条规定："利用计算机实施金融诈骗、盗窃、贪污、挪用公款、窃取国家秘密或者其他犯罪的，依照本法有关规定定罪处罚。"2009年通过的《中华人民共和国刑法修正案（七）》中对于惩治网络"黑客"的违法犯罪行为也增加了相关条款于第二百八十五条之下："违反国家规定，侵入前款规定以外的计算机信息系统或者采用其他技术手段，获取该计算机信息系统中存储、处理或者传输的数据，或者对该计算机信息系统实施非法控制，情节严重的，处三年以下有期徒刑或者拘役，并处或者单处罚金；情节特别严重的，处三年以上七年以下有期徒刑，并处罚金。""提供专门用于侵入、非法控制计算机信息系统的程序、工具，或者明知他人实施侵入、非法控制计算机信息系统的违法犯罪行为而为其提供程序、工具，情节严重的，依照前款的规定处罚。"这些条文从惩戒计算机犯罪的角度来保障网络系统的安全。作为国家最重要的法律之一，刑法条款对计算机犯罪具有相当的威慑力。

在行政法规与规章方面，国务院、各级地方政府陆续制订了一系列信息安全规范。其中，由国务院直接颁发的、具有指导性质的行政法规是《中华人民共和国计算机信息系统安全保护条例》（1994年2月）、《中华人民共和国计算机信息网络国际联网管理暂行规定》（1996年2月）、《信息网络传播保护条例》（2006年5月）。工业和信息化部按照国务院要求进一步制定了《中华人民共和国计算机信息网络国际联网管理暂行规定实施办法》（1998年2月）、《通信网络安全防护管理办法》（2009年12月）等。

国家公安部从网络系统安全保护和安全监控出发制定了《公安部关于对与国际联网的计算机信息系统进行备案工作的通知》（1996年1月）、《计算机信息系统安全专用产品分类原则》（1997年4月）、《计算机信息系统安全专用产品检测和销售许可证管理办法》（1997年12月）、《计算机信息网络国际联网安全保护管理办法》（1997年12月）《计算机病毒防治管理办法》（2000年3月）、《互联网安全保护技术措施规定》（2005年12月）等文件。2007年，公安部与国家保密局、国家密码管理局、国务院信息化办公室共同制定了《信息安全等级保护管理办法》。国家保密局则从网上信息安全保密责任出发制定了《计算机信息系统保密管理暂行规定》（1998年2月）、《计算机信息系统国际联网保密管理规定》（2000年1月）。

归纳起来，国家和地方各级政府制定的有关信息安全的法规制度，主要是从机房建设的安全保护规范、通信设备进网认证制度、国际接口专线制度、国际联网经营许可证制度和接入登记制度、联网备案制度、安全等级制度、安全产品销售许可证制度、保护信息安全规章、网络利用限制和安全责任制、计算机病毒防治制度、安全报告制度、安全违规犯法惩治制度等方面对信息安全进行规范。

国内许多行业还根据自身的实际情况制定本行业的信息安全保护规章。例如，公安部和中国人民银行联合颁布了《金融机构计算机信息系统安全保护工作暂行规定》（1998年8月），以加强金融系统的信息安全保障；中国人民银行向银行金融业发布《网上银行系统信息安全通用规范》等。军队系统则根据《中华人民共和国计算机信息系统安全保护条例》第二十九条，"军队的计算机安全保护工作，按军队的有关法规执行"的要求，自1989年起先后发布了《军用通信设备及系统安全要求》《军队通用计算机系统使用安全要求》《军用计算机安全评估准则》《指挥自动化计算机网络安全要求》等规章，对军队信息系统的安全管理作出了严格的规范。

在上述安全法规的基础上，档案界加强了对档案信息安全的行政执法，认真查处档案信息安全隐患和档案违法案件。随着信息技术的不断发展，档案工作者应不断进行档案信息化安全管理的研究以及跟踪最新的安全技术，对档案信息化安全管理工作的效果进行及时的分析和评估，不断完善安全防范体系。在保障档案信息安全的过程中，逐渐健全档案信息安全管理制度，提高管理人员的安全意识以及管理水平，充分发挥档案工作人员、技术人员以及用户的积极作用，为推动我国档案信息化安全保障工作贡献力量。

（二）安全管理体系

档案信息安全是基于技术的管理工程。从管理层面上讲，就是要确保档案信息的安全，必须在风险分析的基础上确立档案信息安全的策略、方针和目标，成立相应的管理机构，确立合理的管理机制，制定安全管理计划，分解安全管理职责，执行安全管理制度和管理标准，建立并实施完善的档案信息安全体系。因此，风险识别与风险评估是档案信息安全管理的基础，风险控制则是安全管理的最终目的。

1. 档案信息安全管理系统的模式

新的风险在不断出现，档案信息系统的安全需求也会随之不断变化，因此安全管理应是动态的、不断改进的持续发展的过程。档案信息安全管理模型可选择 PDCA 模式，即计划（Plan）、执行（Do）、检查（Check）和行动（Action）的持续改进模式。采用 PDCA 管理模式，每一次的安全管理活动循环都是在已有的安全管理策略指导下进行，每次循环都会通过检查环节发现新的问题并采取行动予以改进，从而形成安全管理策略和活动的螺旋式提升。

信息安全管理 PDCA 持续改进模式把 PDCA 管理模式与安全要求、风险分析有机地结合在一起，考虑了信息安全中的非技术因素，同时加强了信息安全管理，具有广泛的适用性。

2. 档案信息安全体系的管理实施

在档案信息安全管理模式中，档案信息安全管理中心是整个系统的核心，每一个环节都要定期地与档案信息安全管理中心进行安全信息交流，当档案信息安全管理中心认为有必要对其安全目标进行修改时，要及时向上级领导汇报，等待最终的定夺。

（1）完善组织机构。有条件的档案部门可以成立档案信息安全管理中心，负责实施和监控整个档案信息安全管理活动。安全管理中的每一个环节都必须与安全管理中心进行信息交流，安全管理中心还具备评价数字档案信息安全管理体系运作情况的功能，可以对安全方针、安全制度和安全措施的实施结果进行调查，并分析这些安全举措对档案信息安全的影响，然后提出相应的改进方案。数字档案信息安全管理中心由部门领导、信息管理专家、信息技术专家和技术雄厚、人员稳定的开发队伍、有关的工作人员组成。

（2）进行风险评估。根据最新的研究数据，在全部的计算机安全事件中，约有60%是人为因素造成，属于管理方面的失误比重高达70%以上，在这些安全问题中95%是可以通过科学的风险评估来避免的。

因此，档案部门必须清楚档案信息系统现有以及潜在的风险，充分评估风险可能带来的威胁和影响，这是档案信息化建设必须首先解决的问题，也是制定信息安全策略的基础与依据。进行风险评估不只在明确风险，更重要的是为数字档案信息安全管理提供基础和依据。

风险评估是一项费时、需要人力支持以及相关专业或业务知识支持的工作。风险评估应遵循以下原则：①安全、风险和成本均衡分析原则，即用最小的成本达到适度安全的需求。②整体性原则，即运用系统工程的原理进行网络信息安全的整体解决方案设计，以达到完整性的要求。③可用性和易操作性原则，即信息安全系统对于操作者应该是可用的，操作应该是简单易行。④适应性和灵活性原则，即安全策略必须随着网络性能和安全需求的变化而变化，适应性强，易修改。

（3）制定安全策略。制定档案信息的安全策略，要在完善配套、科学合理的有关数字档案信息安全的法制和标准体系下，通过有效的信息安全技术和安全管理遏制来自外部和内部的攻击，增强安全防护能力和隐患发现能力，确保数字档案信息资源内容和信息载体的安全，达到所需的安全级别，具体安全策略可分为内部建设安全策略和网间互联安全策略等，循序渐进逐步加以完善，最终形成功能强大的数字档案信息安全管理体系。

制定安全策略时不能脱离实际，过于理论化或限制性太强的安全策略可能导致工作人员的漠视。因此在安全策略制定时必须遵循以下原则：越符合现状越容易推行，越简单越容易操作，改动越小越容易被接受。档案信息安全策略需要根据信息技术发展、自身的安全需求进行不断的修改和更新，以保证档案信息安全不受新的信息安全风险的影响。

（4）开展数字档案信息安全管理培训。开展数字档案信息安全培训是档案信息安全管理体系的重要环节之一，特别是各关键岗位的人员，对档案信息的安全起到重要作用。在实际工作中，大部分档案信息安全问题都是由人为因素造成的。人本身就是一个复杂的信息处理系统，还会受到自身生理因素和心理因素、技术熟练程度、责任心和道德品质等多方面的影响。因此对于档案部门工作人员的培训不应是"一次性"的活动，需要定期对人员进行安全策略及安全技术的"应知、应会"培训。尤其是安全策略更改或面临新的安全风险，在部署新的安全解决方案之后，更要对其加强培训，以保证安全策略的有效程度。

（5）贯彻执行管理决策。管理决策的贯彻执行必须依靠人来完成，虽然档案信息安全保障体系的建设涉及档案部门方方面面的因素，但归根结底的因素是"人"。没有机构人员的认可、理解与支持，就没有实施数字档案信息安全管理保障体系的前提；没有档案部门的有力组织协调，则很难保证信息系统建设的顺利进行；没有相关实施人员的互相配合和出色工作，无法使信息系统中各模块的信息无缝集成；没有具体业务人员及时准确地收集各种基础信息，就没有信息系统的输出；没有资深咨询顾问的正确指导，信息系统实施就难免多走弯路，甚至有可能失败。

（6）持续完善管理体系。首先，确定待评价系统的边界和范围，明确评价的目的，以系统整体为立足点，总体分析各方面的效益与成本，及其与系统各构成部分的关系；其次，确定待评价系统的状态与所处的阶段，如可行性分析、总体设计、系统开发与运行等各阶段；再次，选择适当的评价方法，如结果观察法、类比—对比法、专家评价法或评分法等，确定适当的评价指标；最后，收集有关数据、资料进行分析、计算，得出评价结果，并将评价结果书面化。根据评价结果进行不断完善，提高档案信息安全管理体系及具体实施过程的有效性和效率，以满足自身、用户和其他相关方日益增长和不断变化的需求与期望。

（三）安全技术体系

目前，档案信息安全在技术方面主要采用信息加密技术、信息确认技术、访问控制技术、病毒防治技术、审计技术、防写技术等。

1. 信息加密技术

加密是保障信息安全最基本、最经济的技术措施，也是大多数信息防护措施的技术基础。加密的作用是防止敏感的或有密级限制的信息在传输过程中泄密。

文件加密所采取的加密算法形形色色。据不完全统计，目前已经公开发表的加密算法多达数百种。电子档案加密的基本过程是：存储或传输前将原先借助相应的软件可以识读的数码序列（称为明文）通过数学变换（加密运算）变成无法识读的"乱码"（称为密文或密码）；利用时再通过数学变换（解密运算）将"乱码"还原成可以识读的数码序列。其中，加密运算和解密运算都是在一组密钥控制下进行的，密钥是控制加密算法和解密算法实现的关键数据。

密钥对非授权者是保密的，因此，可防止非法用户破解密钥而窃获文件内容。根据文件加密和解密时所使用的密钥是否相同，加密算法可以分为对称加密解密法和非对称加密解密法两种。

在对称加密解密法中，加密密钥和解密密钥是相同的，或者知道其中一个密码就可以方便地推算出另外一个密码，因此密钥必须绝对保密。问题是，在发送加密文件之前首先通过安全渠道将密钥分发到双方手中，其传递中很容易造成秘钥泄漏。如果某涉密文件分发的单位多，密钥的安全控制会有很大的难度。这种方法在对涉密文件进行静态管理时比较有效，如自己撰写的保密文件给自己使用，防止被人偷看。目前，Word、Excel 文件的加密就是采用对称加密解密法。然而，如果涉密文件需要传输，特别在大范围传播时，就需要用非对称加密解密法。

非对称（又称双钥）加密解密法中，加密方和解密方使用的密钥是不相同的，密件经办人需预先准备两把钥匙，一把公钥，一把私钥。当发送密文时，发送者使用收文者的公钥，将文件加密后发给收文者，收文者收到密文后，用自己的私钥解密文件。由于只有拥有该私钥的收文者才能解密这份文件，所以文件的传递过程是安全的。

2. 信息确认技术

对于纸质文件，以往用书面签署或签印的形式将责任者名或责任者特征（如指纹）固化到文件载体上，借助纸质文件载体与内容的不可分离性来证明文件内容的原始性和真实性，使文件具备法律效用。这种方法显然不适于不具有恒定载体的电子档案。对于虚拟流动的电子档案，信息确认技术起到了相当于签署纸质文件的作用。

信息确认技术是通过一定的技术手段防止文件的内容被非法伪造、篡改和假冒，同时用来确认文件的发出、接收过程及利用者身份和权限的合法性。完善的信息确认方案应能实现以下四个目标：第一，合法的文件接收者能够验证其收到的档案文件是否真实；第二，发文者无法抵赖自己发出了所发的文件；第三，合法发文者以外的人无法伪造文件；第四，发生争执时，具有仲裁的依据。

实现上述目标需要综合采用多种技术手段，目前，常用的有数字摘要技术、数字签名技术和数字水印技术。

（1）数字摘要技术。文件的发送者采用某种特定算法（摘要函数算法）对发文进行运算，获得相应的摘要（即验证码）。摘要的性质是：如果改变发送文件的内容，即便只是其中一个比特，获得的摘要将发生不可预测的改变。摘要将作为发送文件的一部分附加在文件后一起发出，接收者则利用双方事先约定好的摘要算法对收到的文件作同样运算，并比较运算所得的摘要与随文件发送来的摘要是否一致，以此鉴定收到的文件是否在发送过程中受到篡改。如果摘要函数（相当于前面的密钥）仅为收发文件的双方所知，通过上述报文认证即可达到信息确认的上述四个目标。这种方法的缺点是：因收发文双方使用相同的摘要函数，因而，摘要函数本身的安全保密性是一个很大的问题，多次使用的摘要函数一旦被第三者窃获，报文认证便不再安全。

（2）数字签名技术。随着我国《电子签名法》的生效，数字签名在法律与技术上走向成熟。数字签名是指数据电文中以电子形式所含、所附用于识别签名人身份并表明签名人认可其中内容的数据，而数据电文是指以电子、光学、磁或者类似手段生成、发送、接收或者储存的信息。

从技术上看，数字签名是非对称加密技术的一种，其基本原理类似于上述报文摘要技术。首先，签名者使用签名软件对拟发送的数据电文（电子档案）进行散列函数运算，生成报文摘要；其次，由签名软件使用签名者的私钥对摘要进行加密，加密后的报文摘要附着在电子档案之后，连同签名者从认证机构处获得的认证证书（用以证明其签名来源的合法性和可靠性）一同传送给文件接收者。文件接收者在收到上述信息后，先使用软件用同样的散列函数算法对传来的电子档案进行运算，生成报文摘要，同时，使用签名者的公钥对传送而来的报文摘要进行解密，将解密后的报文摘要和接收者运算生成的报文摘要进行比较，如果两个摘要一样，就表明接收者成功核实了数字签名。在核实数字签名的同时，接收者的软件还要验证签名者认证证书的真伪，以确保证书是由可信赖的认证机构颁发的。经核实的数字签名向文件的接收者保证了两点：第一，文件内容未经改动；第二，信息的确来自签名者。

签名者所用的数字签名制作工具（公钥、私钥、散列函数、软件等），不是由签名者自行制作的，而是由合法成立的第三方电子认证服务机构在充分验证发文者真实身份后提供的。电子认证服务机构颁发的数字签名制作数据及认证证书相当于网上身份证，帮助收文、发文者识别对方身份和表明自身的身份，具有真实性和防抵赖功能。与物理身份证不同的是认证证书还具有安全、保密、防篡改的特性，可对电子档案信息的传输提供有效的安全保护。

（3）数字水印技术。数字水印类似于传统印刷品上的水印，用以鉴别电子文档的真伪。数字水印技术是日本电气公司于1997年投入使用的技术，它是在传输的文本、图像、音频、视频等电子档案中附加一个几乎抹不掉的印记，无论文件作何种格式变换或处理，其中水印不会变化。该印记在通常状态下隐匿不现，除非用特殊技术检测。一旦这种水印遭到损坏，文件数据也会受到破坏。

上述信息确认技术的实质是，文件发送者将签署信息（加密运算方法）以不可分离的方式与文件内容（而不是纸质文件的载体）"编织"一体，使他人无法在不改变签署信息的前提下改变文件内容，或者相反（就像无法不改变载体而改变纸质文件上的内容一样），而收文者则通过验证其信息内容中的签署信息来证实文件内容的原始性和发文者的原真性。

3. 访问控制技术

访问控制是信息系统安全防范和保护的主要策略，其任务是杜绝对系统内电子档案信息的非法利用和蓄意破坏。访问控制技术种类繁多，且相互交叉，目前主要有以下两类。

（1）防火墙。防火墙是设置在被保护文件系统和外部网络之间的一道屏障，以防止发生不可预测的、潜在的、破坏性的侵入,它可通过监测、限制跨越防火墙的数据流,尽可能地对外屏蔽系统内部的信息、结构和运行状况,实现内部网络的安全保护。防火墙可分为外部防火墙和内部防火墙。前者在内部网络和外部网络之间建立一个保护层,以防止"黑客"的侵袭,挡住外来非法信息,并控制敏感信息被泄露;后者将内部网络分隔成多个局域网,以此控制越权访问。防火墙可以是一个路由器、一台主机,也可以是路由器、主机和相关软件的集合。

电子档案系统在选择、使用防火墙时,应对防火墙所采用的技术、种类、安全性能及不足之处有充分认识:①认真权衡防火墙的安全性能和通信效率,在文件安全和方便利用两者之间将安全放在第一位。②对于中小型的文件管理系统,如果系统内外交换的信息量不是很大,信息重要程度属于一般,可以采用数据包过滤和代理服务型防火墙;而对于大型文件管理系统或信息安全要求较高的系统,可以考虑采用复合型防火墙。在系统安全和投资费用之间应进行权衡,不可不计代价地追求超出可能风险的安全性。③对防火墙进行管理时,除了解防火墙的益处之外,还应了解防火墙自身的局限与不足。④使用防火墙对外隔离时,不能忽视防火墙内部的管理,因为许多攻击来自内部。必要时可设置第二道防火墙,使内部网络服务器对内也被隔离(但这样会大大降低系统的效率)。⑤为更好地保护文件管理系统,尽量考虑采用国内自主开发的防火墙产品。⑥防火墙属于信息安全产品,国家规定实行强制认证,在文件管理系统中使用的防火墙必须是经国家认证的产品。

(2)身份验证。为防止未经授权的用户操作文件管理系统中的各类资源,通常在用户登录或实施某项操作之前,系统将对其身份进行验证,并根据事先的设定来决定是否允许其执行该项操作。验证过程对用户而言就是要提供其本人是谁的证明。身份验证的方法很多,并且不断发展。但其验证对象有三:所知信息(如口令)、所持实物(如智能卡)、所具特征(如指纹、视网膜血管图、语音等)。口令是最普通的手段,但可靠性不高,智能化的"口令"是系统向被验证者发问的一系列随机性问题,以其回答来验证身份。以指纹、视网膜血管图、声波纹进行识别的可靠性较高,但需要使用指纹机等特征采集设备,代价较大。智能卡技术将逐步成为身份验证技术的首选方案。智能卡是密钥的一种媒体,性状如信用卡,由授权用户持有并由该用户赋予其一个口令或密码字。该密码与内部网络服务器上注册的密码一致。为提高身份验证的可靠性,可将上述三种手段结合起来使用。

4. 病毒防治技术

即使采用防火墙、身份验证和加密技术,文件系统仍然可能遭到病毒的攻击。防治病毒包括两个方面:一是预防,在系统或载体未染毒之前采取有效措施,防止病毒感染;二是杀毒,在确认系统或载体已染毒后彻底将其清除。防毒是根本,杀毒则是补救措施,目前普遍使用的是以特征扫描为基础的杀毒软件。文件网络环境下的防毒、杀毒需要注意以下几点。

（1）从客户机和服务器两个方面采取杀毒防毒措施。电子档案管理系统有的采用客户机/服务器模式，客户机、服务器都可能遭受病毒侵害，因此，必须同时展开防毒杀毒工作。作为局域网入口的工作站，不仅受病毒攻击的可能性更大，而且数量较多，管理分散，往往是最薄弱的环节，必须重点设防。对于功能简单的工作站尽可能设置成无盘工作站，并在所有工作站上都安装防病毒卡或芯片。服务器是整个网络的"中枢神经"，是网络信息资源的集中地，是防毒工作的重点。防止服务器被病毒感染的主要措施是：尽量少设超级用户；将系统程序设置为只读属性，对其所在的目录不授予修改权和管理权等。

（2）由于病毒不断变异，杀毒软件也不断升级，网络管理员与档案管理人员应注意及时更新杀毒软件的版本类型，选用最先进、可靠的防杀网络病毒软件。

（3）加强对网上资源的访问控制，防止非法用户进入网络，充分利用网络操作系统和文件管理系统所具有的安全管理功能。

防毒杀毒是一项系统工程，必须从管理和技术两方面着手，采取综合措施建立起完善的病毒防治体系。

5. 审计技术

审计技术旨在记录电子档案运行处理的全部过程，抑制非法使用系统的行为。采用审计技术的电子档案管理系统将自动记录下系统运行的全部情况，形成系统日志。系统日志类似于飞机上的"黑匣子"，是系统运行的记录集，内容包括与数据、程序以及和系统资源相关的全部事件的记录，如机器的使用时间、敏感操作、违纪操作等。审计记录为电子档案真实性的认证提供了最基本的证据，借助系统日志，管理员可以分析出系统运行的情况，追踪事件过程，排除系统故障，侦察恶意事件，维护系统安全，优化对系统资源的使用。系统日志包含的具体内容必须根据文件系统的安全目标和操作环境具体设计。

6. 防写技术

防写技术是保障电子档案内容不被修改所采取的安全技术，其目的是通过技术手段来固定处于静态的电子档案的内容信息。大多数文件管理系统具有将运行其中的文件属性设置为"只读"状态的功能，在只读状态下，文件内容只能读取，不能更改，除非具有高级权限的用户来更改文件的"只读"属性。另一个简单的技术手段是将文件内容刻录到 CD-R 光盘、WORM 磁盘等一次性写入存储介质上，这些不可逆式（无法改写已写入的内容）的存储载体有效防止了对静态电子档案内容的改动，保证了电子档案的真实性和完整性。

第三节　档案信息化建设与管理的优化

随着科学信息技术的发展，信息化技术逐渐应用于各领域内。档案是作为信息承载传递信息，促进各类信息传播使用的一项重要物质载体，在档案管理实践中推广运用档案信息化，不仅能够符合当前新的社会发展趋势，也是在适应当前信息技术时代中对电子档案管理提出的最新要求，各个行业都在积极利用档案信息化系统管理技术对馆藏档案进行资料采集、整理编目和归档利用，建设电子档案系统信息化综合管理业务系统。同时，构建档案信息化服务管理模式，也是现代档案管理工作人员急需解决的问题之一。因此，档案规范化管理与工作模式进行全面改革与创新，提升档案管理工作的质量水平，不仅有利于社会信息化建设，还能有效推动社会经济的长远发展。

一、档案信息化建设中存在的问题

（一）工作人员不重视档案信息化建设

目前，一些政府部门的行政领导及档案管理者对档案信息化建设重要性缺乏正确的认识，并未正式将馆藏档案及信息化系统建设等纳入长远发展和规划中，对现行档案事业和档案信息化管理系统建设方面重视程度尚不够，在推进档案事业信息化体系建设方面实际投入相应的人力、物力、时间和财力也较少，致使档案及信息化的建设发展受到阻力，导致档案信息化的建设方面的运作效率不高，信息化管理的质量也一般。尤其是近年来不断增加的馆藏量，导致档案管理工作者的日常工作量加大，在很大程度上影响了档案管理工作的完成度，导致档案管理工作难度增大。

（二）档案管理工作人员的整体素质欠缺

档案管理工作在企事业单位、地方党政机关等部门重视程度需加强，档案管理工作人员存在综合素质能力较差、专业性不强、缺乏档案专业岗位技能、不具备信息技术采集能力，无法适应当前信息化工作时代。目前，很多地区仍是传统的纸质档案管理服务模式，不仅档案工作开展效率低，还影响制约了整个档案事业管理和改革的长远发展。

目前，档案管理机构工作一线人员业务能力较弱，信息化操作技术水平不高，且人员缺乏规范服务意识，管理程序不规范操作等，导致档案信息使用率的低下。而档案管理部门无法及时利用各种现代信息化技术有效开展数字档案服务工作，在极大影响档案信息管理工作效率的同时，也无法保障档案信息管理的效果与质量。

(三) 缺少档案信息化建设与管理的标准

在推进档案事业管理与实施信息化建设的工作中，一些传统档案的管理单位会根据自身档案的发展实际工作情况，制定相应配套的档案及信息化体系建设方案，并将传统档案管理业务模式引入信息化管理体系中，从而较有成效地实现档案业务管理与信息化建设效果。但是，在许多实际信息化的建设过程中，很容易出现档案信息化建设标准不明确的情况，而且各个行业档案管理部门的信息化建设情况又存在差异，致使用户在日常管理应用工作中，无法达成统筹管理与出现多重设计标准，从而容易对档案信息化建设流程及系统管理使用效果等方面造成诸多不便。比如，档案信息化管理的系统数据由于存储记录方式和软件接口技术方面产生的一些差异，会导致档案信息交换共享利用与传输流通造成障碍，从而可能影响档案管理信息化系统建设运行和数据库管理服务的最终效果。

二、档案信息化建设与管理的对策

(一) 档案管理意识的革新

在信息化时代发展背景下，档案机构管理部门的工作人员要及时更新自身的档案管理工作意识，主动学习各类档案信息化管理技术与方法。档案机构高层领导要高度重视在内部有序开展档案信息化建设工作，努力创建出良好的档案信息化建设管理工作环境，并提供充足的人力、物力与财力资源。以公安局档案管理工作为例，档案管理部门必须努力实现海量档案资源的信息化建设，合理利用信息化技术完成对内部档案资源的科学分类整理与安全储存工作，以方便各部门警务人员随时调取使用所需的档案信息，最大限度地发挥电子档案资源的价值作用。公安局日常活动开展中会涉及大量重要的档案信息资源，如果将其信息化、数字化，就能有效提升公安网内部的档案信息资源管理质量和效率，实现其对档案资源的优化配置与利用。档案机构管理部门要想实现自身现代化建设，就必须注重利用先进的信息化技术搭建专业完善的档案馆数据库。

档案数据库的有效建立能够使传统纸质档案资料全部转化为电子档案资料，这样一来，不仅能够节省更多档案资源存储空间和成本，还能方便用户随时随地地检索查阅电子档案信息资料。

档案管理技术人员要将有价值的档案资源全部录入对应的档案馆数据库中，使其以文字、图像以及视频等老种方式呈现在用户面前。由此，用户只需要在数据库中检索自己需要的信息资料，就能高效获取相对应的档案信息。

档案管理部门可以通过引进并应用专业的扫描仪器设备和技术，辅助内部搭建档案数据库，指导相关工作人员利用扫描技术和设备开展档案资源的优化整理与配置工作，并构建出一个科学规范的档案信息查询检索体系,让用户更为便利地检索和获取目标档案信息资源。

优化改善档案管理网络系统,强化电子档案管理在信息化背景下,档案机构要注重完善内部档案管理网络系统,科学有效地搭建起数字化的档案综合服务应用平台,全面提升官方平台的服务效果,使其成为对外宣传和开展优质档案信息服务的重要窗口。信息化档案建设管理人员要结合市场发展趋势和自身情况,不断完善电子档案信息化标准建设工作,合理引进并应用各项必需的软硬件设备,以使其能够为科学开展档案信息化建设管理工作提供软硬件支持。在技术方面,则需要持续提升档案机构的信息化技术应用服务水平,实现电子档案信息的安全稳定传递共享与储存管理等工作目标。为了保障电子档案信息的安全可靠,避免重要数据信息在传递与存储过程中丢失或被破坏,必须主动加强对电子档案系统的网络安全建设,督促相关工作人虽规范操作,合理设置安全应用网络防范技术与措施,以此来提升档案信息化网络管理系统的安全水平,确保各项档案资源的可靠性。除此之外,档案机构还必须主动强化电子档案的信息化建设,统一档案机构内部的电子档案格式。针对未能及时输入并保存至信息管理网络系统的重要电子文档资源,相关工作人员要对其展开优化管理工作,合理规范地采用信息化技术进行安全可靠的传输与存储工作。为了保证电子档案的完整性与可靠性,档案机构部门还要加强对各项电子档案的日常使用管理,专门建立起电子档案的归档网络专线,优化设计归档专用子系统,负责对各项电子档案进行自动化归档管理。

(二)档案信息化资源管理体系的完善

档案信息化建设作为一项复杂的系统工程,不仅包括各种基础设施、应用系统和信息资源建设,还包括制度规范、安全保障体系建设等。档案监管部门在逐步意识到推进档案工作管理与信息化建设科学重要性认识后,正在尽快推进档案系统信息化体系建设方面的健康可持续良性发展,增强信息化平台建设的实际效果。结合实际情况对各档案管理部门工作中的各种情况及时进行统计分析,制定系统科学全面的档案行业管理与信息化的建设方案,以整体提升档案管理工作信息化建设程度。通过进一步对档案现代化管理方法的实践成果进行综合分析,明确当前信息化建设状况与传统档案管理服务工作方式差异。在实际推进档案信息化工作时,还需要进一步结合电子、数字档案的具体情况,合理调整档案管理工作,创建较为完善的科学化管理体系,提高档案管理的科学化效能。首先,档案业务管理部门可以适时结合信息化系统建设实际工作的需求,对有关制度规范进行修订完善。并根据制度规范制定相应的档案管理方案,明确具体流程。对于档案管理工作出现的问题,可以结合实际情况对各项管理措施进行调整,以免档案信息化管理过程中出现的问题,影响档案信息化建设的完整性。其次,各档案业务管理及工作单位还需要及时对现行档案信息管理规范制度加以改革完善，同时也对各类档案信息服务管理工作制度进行优化创新，在持续完善档案信息系统管理与制度框架的建设基础上，提升档案信息的使用效率和管理水平，确保现代档案服务管理信息化共享的建设成果。

（三）档案管理工作者教育与培训的加强

档案信息化管理工作程序比较复杂、琐碎，对于开展档案工作信息化及管理工作方面的人员而言确实有一定技术难度要求，且安全风险也较高。因此，档案的信息化管理体系建设更需要相关技术人员，具有较高水准的信息专业理论知识和信息化应用管理技术水平。而基层档案管理工作人员自身也同样只有充分地认识到档案信息化管理建设应用的社会重要性，才能够主动进行实践探索，从而推动档案管理信息化建设进程。在目前档案业务信息化系统建设服务工作流程中，为了有效提升从业者整体业务能力，还需要我们对档案管理人员定期进行相关制度学习，促使其转变传统工作理念和作风，形成主动服务的意识。在对各部门档案资源需求情况进行分析的情况下，完善档案管理工作的服务体系，提高其档案管理工作的综合效能。另外，还要通过档案继续教育对相关工作人员及时全面进行有关业务知识培训，使我们的专业队伍能够在各种日常实际中开展档案管理工作。最后，各业务单位领导应定期组织进行档案系统工作的指导交流活动，使档案人能保持进取的态度，积极创新，促使档案管理工作能够实现长久、稳定的发展。

档案信息化建设最重要的目的之一就是实现档案资源的共享利用。档案机构管理部门的相关工作人员需利用信息化技术，将可以公开的档案信息资源上传至对应的官方平台，这样一方面可以满足社会民众对档案信息的获取需求，另一方面可以方便各部门业务工作的开展。档案机构可以通过合理设置中心服务器和数据交换机，科学有效地创立独立的电子档案数据管理中心，大力推动各单位同不同档案管理工作的相互联通，实现海量档案信息资源的传递共享利用；然后基于档案的远程查阅调取使用，最大程度地发挥档案信息资源本身的价值。如今，各行各业的信息化建设不断推进，自助式便捷服务逐渐进入大众的视野，其也成了档案建设管理为社会民众提供优质高效服务的重要形式之一。档案机构应科学采用信息化技术，实施自助式服务，帮助档案管理部门降低日常工作任务量，使其把更多精力用在如何提升信息化服务质量与效率上。比如，档案机构可以在档案馆查阅区设置自主档案查询机等智能化信息设备，以方便市场用户对自身需求的档案资料信息进行自助式查阅，使市民查阅相关档案资料变得更加便捷、高效和舒适。

（四）档案管理信息化技术体系的进一步完善

在当前档案管理工作信息化平台建设势在必行的现实背景下，档案管理部门要明确档案的管理需要数字化信息技术的进一步大力推动支持。只有我们在对馆藏档案信息管理的工作手段进行了改革、创新，将各种先进高效的数字化管理运作方式有效引入到档案工作信息化系统建设中，才能更好使数字信息资源充分有效发挥作用，推动档案业务工作与信息化建设向一体化的方向发展。[①]

首先，相关的档案管理部门需要大量引进高素质的信息化技术人才，在专业人才的支持下，对档案管理工作的信息化技术体系进行优化与完善，以提高档案管理工作的信息化程度与安全性。其次，可以根据档案管理工作的实际需要进行技术研发。再次，结合档案综合管理发展的具体实际进展情况，构建档案馆信息化技术管理及其相应体系，提升档案管理信息化专业水平，促进档案技术管理工作信息化发展。

不言而喻，在信息化进程快速发展的历史时代背景要求下，档案信息管理研究工作既要考虑实现长远目标的战略发展，还要主动顺应时代潮流。加强档案业务工作信息化制度建设，不仅要注重对过去传统档案管理工作模式进行探索创新，还要重视进一步创新档案工作信息化法律法规体系，制定出台档案信息化基本管理制度，充分推进运用先进信息化的技术方式开展数字化档案服务工作，提高数字档案业务管理与工作方式的系统综合效能，为现代社会档案管理工作水平的提升奠定坚实的基础，借以推进经济社会科学化、可持续发展。

综上所述，档案信息化建设是如今时代发展的必然要求。各地区档案机构管理部门必须高度重视信息化建设工作，创新完善档案管理模式。档案机构管理人员要及时更新自身的档案管理意识，加快档案馆数据库建设步伐，不断提升档案管理综合服务水平。此外，档案机构还要优化改善档案管理网络系统，强化电子档案管理，努力组建培养完善的专业人才队伍，健全安全保障机制。只有这样，才能推动各个工作环节顺利地开展，为广大用户提供优质可靠的档案服务。

第四节　档案信息化新技术的应用与探索

一、档案信息化新技术的应用

（一）档案信息服务机制的创新

随着数字档案馆的建成，档案的信息服务更多地代替了传统的查档案服务，人们的档案利用已从传统纸质档案转变为档案信息，档案馆的服务也逐渐会发生根本的改变。通过档案信息服务观念创新、档案信息服务方式创新、档案信息服务手段创新和档案信息服务

---

① 马婷艳. 档案信息化建设与管理的优化策略［J］. 陕西档案，2022（3）：41-43.

内容创新，实现档案工作管理规范化、资源数字化、服务网络化，以更好地为社会提供服务。

1. 创新档案信息服务观念

用知识管理思想指导档案信息服务创新，知识管理对信息服务创新的指导表现在深化信息服务内容，即提供知识服务，它不是简单的信息积累和传递，而是知识的再开发和利用。在服务内容的深度上，对档案信息资源进行深层次的开发利用。数字档案馆较之传统的档案馆，应具备档案编研、统计分析、建立强大知识库的功能。在服务内容的广度上，应有更宽的知识涵盖面，真正起到知识传播和共享的作用，主动为用户提供帮助与指导，以快捷有效的方法满足用户的知识需求。很多软件系统，如 OA、PDM、ERP 系统中保管的信息都是珍贵的知识资源，也是档案信息的组成部分，可以开发知识库管理平台，将其中的知识共享、提炼，实时有效地进行各项知识收集、交换与传递，对于不同系统中提取的知识信息进行整合与收集，将档案信息资源转变为显性知识为利用者所用。

2. 创新档案信息服务方式

在传统档案利用时代，档案利用者基本处于被动地位，利用者提交利用需求后只有被动等待，能否得到信息有很大的不确定性。数字档案馆的建成构建了一种档案信息资源环境，以利用者的需求和方便作为创建档案信息环境的根本出发点，其宗旨是为利用者提供准确和全面的信息服务，利用者通过自主行为实现与档案信息资源的互动。

传统档案馆一般只能提供文字类信息。在数字档案馆中，利用者得到的档案信息是多种多样的，包括文字、声音、图形、图像及数字视频。利用者不仅能查阅档案信息，还可获取知识、接受教育。在纸质时代，用户查阅档案信息需要到档案馆，需要由档案人员在场提供。而在数字档案馆中，利用者可以超越时间、空间的限制，在任何时间、任何地点通过网络得到各种档案信息。

3. 创新档案信息服务手段

在传统档案馆，档案信息被按照全宗、目录、案卷、文件四个层次组织成树状结构，存储档案信息的文件之间虽然存在着内容上的逻辑关系，也只能以一种或几种角度来显示档案信息的有序化。而在数字档案馆中，可对信息资源进行智能检索、分析、处理，根据文件的内容特征在文件之间建立起多种链接，各信息节点间形成多维网状结构，可以任意一种角度来显示档案信息的有序化。

利用者查阅档案，可以通过一个检索要求将所有相关文件检索出来，提高了查全率。利用者可以不懂档案的任何知识，如同使用谷歌（google）和百度（baidu）一样进行"傻瓜式"数据检索，档案利用者只是关心自己的信息需求，完全可以不用明白档案的组织形式。

4. 创新档案信息服务内容

档案资源库是数字档案馆最基本的特征，也是数字档案馆建设的重点，只有不断丰富档案资源库的内容，才能在加强收集积累的基础上，创新档案、利用服务内容。一是根据馆藏情况建立文书档案、设备档案、基建档案、标准、图书、光盘目录等数据库，采用扫描方式将纸质档案全文数字化处理，扫描成 PDF 文件格式，在数据库中挂接扫描文件，形成档案全文资源库。二是对于增量档案，即 OA 等办公系统中产生的电子档案，通过开发数据交换接口，在线实时或离线定时接收产生的档案信息。三是多渠道收集多媒体档案，如在科研、生产、基建、培训等活动中采用拍摄录制形成多媒体档案。四是建立档案专题数据库，它是以各类档案基础库为主要数据来源，通过档案信息管理系统，按照某一专门题材内容编制而成的各类档案数据集合。

（二）"互联网+"与档案管理

"互联网+"就是"互联网+各个传统行业"，时下流行的淘宝、网上银行、12306 订票等，都是"互联网+"比较成熟和典型的运营模式。但这并不是简单的两者相加，而是利用信息通信技术以及互联网平台，让互联网与传统行业进行深度融合，创造新的发展生态。

从技术上讲，"互联网+"是创新 2.0 下的互联网发展新形态、新业态，是知识社会创新 2.0 推动下的互联网形态演进及其催生的经济社会发展新形态。"互联网+"是互联网思维的进一步实践成果，它代表一种先进的生产力，推动经济形态不断地发生演变，从而带动社会经济实体的生命力，为改革、创新、发展提供广阔的网络平台。那个"+"号后面要是"档案"，又该如何？"互联网+档案收集""互联网+档案管理""互联网+利用"将彻底改变档案工作的方式、方法。

（三）大数据与档案信息

1. 大数据的含义

大数据并非是一个确切的概念，从字面上来讲，表示数据量的庞大。维基百科对大数据的定义比较直接：大数据是指无法在可承受的时间范围内用常规软件工具进行捕捉、管理和处理的数据集合，大数据是人们获得新的知识、创造新的价值的源泉；大数据还是改变市场、组织机构，以及政府与公民关系的方法。我们可以归纳出大数据的"4V"，即大数据是具有规模性（Volume）、多样性（Variety）、高速性（Velocity）、价值性（Value）的数据。

大数据技术的战略意义不在于掌握庞大的数据信息，而在于对这些含有意义的数据进行专业化处理，在于提高对数据的"加工能力"，通过"加工"实现数据的"增值"。

2. 大数据与档案的关系

《中华人民共和国档案法》明确档案是指过去和现在的国家机构、社会组织以及个人从事政治、军事、经济、科学、技术、文化、宗教等活动直接形成的对国家和社会有保存价值的各种文字、图表、声像等不同形式的历史记录。从档案的定义来看，除电子档案外，其他载体形式的档案与大数据没有任何关系，只有档案记录的信息可以称之为数据。从档案的特征来分析，档案具有社会性、历史性、确定性及原始记录性，而大数据也具有类似的特征，大数据是人类社会活动的原始记录，其内容具有确定性，且其记录的内容只反映事物已经完成的状态，同样具有原始记录性。因此，档案信息与大数据的关系具有相似的特征，大数据是具有鲜明档案特性的数据集合。但是，从数据的保存价值来讲，有些数据集合对国家和社会没有永久的保存价值，不需要永久保存。

3. 大数据时代的档案资源建设

应对大数据时代的电子档案归档工作，首先，要做好现阶段电子档案归档系统与办公系统的融合，加强电子公文流转系统的全程控制，按照公文起草、签发、拟办的过程存储形成电子档案，确保公文类电子档案内容齐全。对于专业类电子档案，应分门别类制定有关专业类电子档案数据标准，确保专业类电子档案的系统配置、标准规范的落实。其次，要逐步完成存量档案的数字化，建立丰富的档案内容数据库。最后，要瞄准大数据时代电子档案归档工作的需要，研究出数据资源采集、管理、发布、分析、利用的数据平台模型，满足电子档案归档及管理的需要。

4. 大数据时代的档案开放利用

《中华人民共和国档案法》规定："国家档案馆保管的档案，一般应当自形成之日起满30年向社会开放。经济、科学、技术、文化等类档案向社会开放的期限可以少于30年。"可见，档案开放率与新时期档案工作的要求还有一定差距。大数据时代，数据已变成经济社会发展的重要基础，信息的利用与开发能力在很大程度上决定着整个社会的创新能力，如果不能及时地开放档案或数据，让社会公众掌握充分的数据资源，势必会影响政府的行政效率和社会的创新力。

5. 大数据时代的档案服务领域拓展

大数据时代的一个重要目标就是对数据获取和利用的便捷性，在提升档案信息服务能力的过程中，除了要开展档案信息化以及做好网络信息平台的整合，更重要的是要以用户体验为中心，把档案信息服务领域延伸到手机及手持终端等领域。档案部门要着眼于未来手机以及手持应用终端的市场，搭建具有拓展性的综合信息平台，开发手机应用App，使人们随时随地都能享受高质量的信息服务。

二、档案信息化技术的探索

（一）移动互联网对档案信息共享的影响

在互联网的发展过程中，PC互联网已日趋饱和，移动互联网却呈现井喷式发展。移动互联网（Mobile Internet，简称MI）是一种通过智能移动终端，采用移动无线通信方式获取业务和服务的新兴业务，包含终端、软件和应用三个层面。终端层包括智能手机、平板电脑、电子书、MID等，软件包括操作系统、中间件、数据库和安全软件等，应用层包括休闲娱乐类、工具媒体类、商务财经类等不同应用与服务。随着技术和产业的发展，LTE（4G通信技术标准之一）和NFC（近场通信，移动支付的支撑技术）等网络传输层关键技术也将被纳入移动互联网的范畴之内。

随着宽带无线接入技术和移动终端技术的飞速发展，人们迫切希望能够随时随地方便地从互联网获取信息和服务，移动互联网便应运而生并迅猛发展。然而，移动互联网在移动终端、接入网络、应用服务、安全与隐私保护等方面还面临着挑战。其基础理论与关键技术的研究，对于国家信息产业整体发展具有重要的现实意义。

第一，移动互联网络拥有更多的用户量。移动互联具有相当广泛的群众基础，移动互联网用户数量已超过PC用户量，并有进一步增长的势头。如果大量档案信息服务应用于智能移动终端，将会更大地促进档案信息的利用与传播，使档案服务真正走进人民群众当中，同时用户可以轻松转发或分享自己的信息，也可实现多种形式的互动使档案利用从小众化发展为大众化，充分发挥社会价值。

第二，移动互联网络突破时间和空间限制。由于移动互联技术的发展，用户可随时随地享受网络服务，而智能移动设备就像贴身物件一样与人们形影不离，档案信息的传播也就不再受空间和时间的限制。对于档案信息的接收，用户还可以随意选择，随时查看，对于档案信息的提供者来说，也不仅仅是只能通过固定的办公设备在固定的时间传输，还可通过自己的移动设备，如平板电脑或手机甚至智能手表等其他移动设备，随时随地发布信息。

第三，移动互联网络传播信息的多样性。通过接入移动互联网，用户可接收各种形式的文件信息，将文字、照片、声音、动画甚至视频融为一体，这样的信息形式能很好地丰富用户体验，运用智能移动平台提供档案信息，打破单一的服务格局，不仅能充实信息内容、丰富信息形式，还有助于档案信息化建设和档案服务工作的创新。

第四，移动互联网络与档案政务微博服务。微博是一个基于用户关系信息分享、传播以及获取的平台。用户可以通过Web、WAP等各种客户端组建个人社区，用有限的文字信息实现即时分享。微博的关注机制分为可单向、可双向两种。微博作为一个档案信息传播平台，不同人群都可以阅读或传播信息，利用可公开的档案信息解答历史谜团，普及历史知识，也可推出一些趣味话题讨论，使神秘的档案走进百姓生活。

第五，移动互联网与微信业务。微信是腾讯公司于2011年推出的一个为智能终端提供即时通信服务的免费应用程序，短短几年时间，就覆盖中国90%以上的智能手机，月活跃用户达到5.49亿（2015年第一季度数据）。微信能够发送文字、图片、语音、视频等不同形式的消息，而相比微博，微信的对话更为直接，接收消息及时，这些独具的优势使微信逐渐成为人们的一种生活方式。因此，将档案信息服务和微信技术相结合必将成为新的发展点，具体应用可以实现查询业务、朋友圈传播和信息订阅。

（二）云计算对档案信息化的影响

云计算（Cloud Computing）是基于互联网的相关服务，提供虚拟和动态的存储空间和计算能力。云是网络、互联网的一种比喻说法，好比是从古老的单台发电机模式转向了电厂集中供电的模式，意味着计算能力也可以作为一种商品进行流通，就像煤气、水电一样，取用方便，费用低廉，最大的不同在于它是通过互联网进行传输的。

云计算里面的资源可以被任何单位和个人租赁使用而无需掌握复杂的计算机技术，使用的费用也相对低廉。云计算自从诞生之后，便在各个计算机应用领域掀起热潮。在档案管理部门可以利用云计算促进档案的信息化建设，解决档案的众多小规模区域的分片式管理。云计算对进一步提高档案信息化建设管理的水平，更好地为国家、社会服务也有极大的促进作用。

云计算是一种基于互联网技术平台运行的商业发展模式，内部采用的是虚拟资源共享模式。所谓的"云"，就是在互联网上的众多的计算机硬件及软件资源。有了"云"，我们就不需要为提供档案服务所需的各种软硬件资源耗费大量的前期建设成本，只需购买相应的服务，就可以调集云平台里面大量的计算设备进行运算，并在很短的时间内返回运算或查询结果。云计算对于用户的客户端没有任何要求，可以是手机、平板终端等低端运行设备，所需的只是进行一些相关指令。

目前，档案信息管理完全可以使用云计算平台来提升档案管理的服务水平。云计算平台给档案信息化管理带来以下几点优势。

一是降低运营成本。现在各类档案的增长速度都是几何级的，为了能够确保档案的正常管理及正常的对外服务，需要有大量的档案管理人员，既要做好纸质档案的保存工作，同时又要升级服务器、管理软件和软硬件设备以应对服务需求。但是如果应用了云计算平台的档案管理，所有的升级维护都不再需要，全部由云平台的供应商提供，所有的服务检索运算等都在云计算平台上完成，而客户端所做的只是投入少量的费用，购置一些便捷的客户端。档案馆工作人员的工作强度得到降低,可以更好地进行档案馆的其他工作。

二是共享档案信息。云计算平台的出现,将原来局限在各档案馆、机关档案室的档案信息进行了最大化的共享,用户甚至可以在异地进行业务的申请和办理,就像现在各地的档案系统没有联网,异地办理一些证件需要来回奔波,增加了用户办事的难度,通过云平台,只要获得相应的授权,就可以通过不同的终端连接到相应的档案服务部门,享受数字档案馆的优质服务。云计算平台的档案服务使原来存在的信息孤岛的问题得到根本解决,同时也可以通过该平台为用户跨库检索提供便捷。

三是保障档案服务平台的运行。在运行的档案管理系统中,一旦档案服务器出现故障或者出现电力供应问题,档案资源或者信息就没有办法再被网络使用,而在云计算平台上,有强大的集群服务器作为后盾,通过虚拟化的技术使档案信息在多个服务器上进行备份,即使某台服务器出现问题,智能纠错系统会及时地将其他服务器的信息进行转移,解决信息服务的中断问题。

四是为档案存储提供海量空间。随着时代的发展,档案管理由单一的纸质文件逐步向电子形式,视频、音频等多媒体形式发展,对数据存储能力提出了很高的要求。如果档案信息化的发展全靠档案部门自己扩大存储空间来进行信息存储,投入成本过大。而云计算平台的云存储提供的成千上万台服务器组成了庞大的服务器的集群,拥有海量的达到 EB 级别的存储空间,而租用这些空间的费用极其低廉。

五是应用系统模型构架便捷。云计算平台下提供信息咨询服务的模式不再是在单机运行,而是通过在 Web 网络上的大规模的集群系统来完成,所需的数据也是在网络的存储空间保存,通过网络安全传输协议保障数据传输的安全,就像我们只要接入国家电网一样,接通了开关,就可以使用电网中的电力,非常便捷,系统的应用对客户端基本没有任何要求。

第五章

现代专业档案管理实践探究

第一节 人事档案的管理

一、人事档案的定义

人事档案是国家机构、社会组织在人事管理活动中形成的,记述和反映个人经历、德才能绩、工作表现的,以个人为单位集中保存以备查考的文字、表格及其他各种形式的历史记录。

人事档案是历史地、全面地考察、了解和正确选拔使用职工的重要依据,是国家档案的重要组成部分。我国的干部(公务员)、职员、工人、学生(从中学开始)、军人都建立了人事档案,其主体是干部和工人档案。

人事档案主要来源于一定单位的人事管理活动。"所谓人事,并不是指人和事,而是指用人以治事,主要是指人的方面,以及同人有关的事的方面。"人事档案就是国家在用人治事,以及处理与人有关的事情所形成的文件材料。例如为了了解员工的基本情况,布置填写履历表、登记表、自传;对员工进行鉴定、考核和民主评议、形成鉴定书和考核材料;在用人过程中,形成录用、定级、调资、任免、升迁、奖惩等方面的各种文字、表格材料。[①]

人事档案是反映个人经历、思想品德、业务实绩、个性特点、专长爱好等情况的原始记录,真实反映一个人的客观面貌。人事档案中的自传、履历表、登记表,是个人经历、思想演变、家庭与社会关系的反映;历年的鉴定记载着个人不同时期的表现和组织的评价;入党、入团、提职、晋级等材料,是个人在党和组织的教育培养下成长的佐证;政治与工作情况的考核、考察、奖惩与科研成果的登记等方面的材料,是个人政治表现、工作

---

① 张端,刘璐璐,杨阳. 新编档案管理实务 [M]. 成都:电子科技大学出版社,2017:162.

能力、成绩贡献、技术专长的展现。所以，人事档案是如实记载个人情况的历史记录。

人事档案是处理完毕的具有使用价值和保存价值的文件材料。人事管理活动中形成的文件材料，凡是决定归入人事档案的，必须是完成了审批程序，内容真实，完整齐全，手续完全，有查考价值的材料，以保持人事档案的优良状态。

人事档案是以个人姓名为特征组成的专卷或专册。它的内容和成分只能是同一个人的有关材料，才能方便查找利用。假如一个人的材料被分散，就无法正确反映该人的全貌，影响对其全面评价。如卷内混杂了他人的材料，就会因张冠李戴而贻误工作，造成不良后果。

上述人事档案的定义，指明了人事档案的来源、形成原因、内容范围、价值因素和以个人为单位的形式特征。它既揭示了人事档案的本质——历史记录，也提出了如何识别和判定一份文件材料是否属于人事档案的标志。

二、人事档案的特点

（一）现实性

人事档案是由组织、人事、劳动部门以现职人员和离退休人员为单位建立的，由专门反映员工个人情况的文件材料所组成。它涉及的当事人，绝大多数还在不同岗位上工作、生产或学习。组织、人事、劳动部门为了考察和正确使用员工，要经常查阅人事档案，了解其经历、德才和工作业绩，以便安置在最适合的岗位上，充分发挥其聪明才智。现实工作中，用人就要先看档案，已成为必要的工作程序。作为依据性的人事档案，有时会对一个人是否使用、如何使用起着决定性的作用。但是，人事档案是"昨天"的历史记录，而它反映的对象——人，又是每天都要发生变化，谱写自己的历史篇章。因为，档案人员需要跟踪追迹，及时补充新材料，使档案既能反映某人的历史面貌，又能反映现实状况，达到"阅卷见人"或"档若其人"的要求。反映现实与具有现实效力和作用，是人事档案的重要特点之一。

（二）真实性

人事档案的真实性与一般意义上所说的档案的真实性还有一定区别。档案的真实性有两方面的含义：一方面，档案从总体上说，是由社会实践活动中形成的文件材料转化来的，是历史的沉淀物，客观地记录了以往的历史情况，无论从内容和形式都表现出原始性，是令人信服的证据；另一方面，从具体的每份档案材料来说，由于人们认识水平的局限性和政治斗争的复杂性等原因，有一部分档案所记载的内容并不真实，甚至是恶意歪曲与诬陷，但档案毕竟是历史上形成的，即使是内容不真实，但仍表达了形成者的意图，留下了当事人的行为痕迹，反映了当时的情况，仍不失其为历史记录而被保存下来。所以，档案的真实性是相对的。人事档案的真实性有着特定的含义。从个体来说，每一份档案材料从来源、内容、形式等方面都必须完全可靠的真实。凡是来源不明、内容不实、是非不清的文件材料不能转化为人事档案，即便已经归档也要剔除。从整体上说，要求一个人的人事档案应完整系统，既反映过去，又反映现在，纵可以提供个人成长的道路，横能勾画出全方面概貌。真实性是人事档案的生命，是人事档案能否正确发挥作用的基础和赖以存在的前提。

（三）动态性

历史在发展，社会向前进，每个员工的情况也在不断发生变化。人事档案从建立之日起就是动态的而不是静止的。一方面，由于人事档案涉及的当事人每时每刻都在谱写自己的历史，各方面都在发展变化，因而决定了人事档案必须根据当事人情况的变化而不断增加新的内容，补充新材料，以适应人事管理的需要。例如，学历的变化、能力的提高、职务和职称的晋升、工作的新成就、工作岗位的变化，以及奖励、处分，都应及时记载并收集有关材料归档，直至逝世（有的职工举行告别仪式的报道消息、讣告、悼词装入本人档案）。这才意味着收集补充材料工作的终止。另一方面，人事档案随着人员的流动而不断转递。人到哪里，档案就转到哪里，"档随人走""人档统一"是管理人事档案的一条原则，也是人事档案发挥作用的必要条件之一。转递不及时，会出现人、档分家，发生"有档无人"或"有人无档"的现象，影响单位对工作人员的了解、培养和使用。人事档案也因对象的下落不明而成为"无头档案"的死材料。总之，人事档案从建立到向档案馆移交前，始终处于"动态"之中。

（四）机密性

人事档案在相当长的时间内是保密的，不宜对外公开。人事档案是组织上在考察和使用员工活动中形成的，记载了员工的自然情况（姓名、出生年月、民族、籍贯、简历、学历、家庭情况、社会关系、政治表现、个性特点、专长爱好等），学习、工作、科研成就，考核与奖惩等。它既涉及有关工作的重要事项，又有公民的隐私。由于人事档案涉及国家机密和个人私生活的秘密，在较长时间内必须保密，应建立严格的管理、利用制度，确保国家机密的安全，切实维护个人隐私权不受侵犯。

三、人事档案的分类

人事档案的分类是根据人事档案所反映的内容和形式特征，分门别类、系统组织与揭示人事档案材料的一种方法。人事档案的分类依据《干部档案工作条例》《企业职工档案管理工作规定》的划分法，人事档案的正本分为10类、副本分为7类。

（一）正本材料

人事档案的正本，由历史地、全面地反映员工情况的材料构成，其材料分为10类。

1. 履历材料

凡是以反映员工个人的自然情况、经历、家庭和社会关系等基本情况为主要内容的表格材料均归入本类。

履历材料的内容包括：①干部（公务员）、工人、科技人员、教师、医务人员、职员、军人、学生等各类人员历年的履历表（书）、登记表、简历表；②个人从事革命活动的简历材料；③更改姓名的报告及批件；④本人填写反映个人经历的材料。

履历材料的归类应以内容和用途为依据，不能单纯按名称归类。

2. 自传材料

自传是个人撰写的自己家世、身世和主要社会关系的自述。

自转材料的内容包括：本人历次所写自传（包括思想自传、历史自传、反省自传、小史、小传）及带有自传内容的材料；自传内容的入党入团申请书（与申请书能分开的）；以自传为主，带有自传的履历表（书）、简历表、鉴定表。

自传及自传性材料一般以第一人称叙述自己的经历，是本人撰写个人成长过程、思想演变的历史记录，是人事档案必备的材料之一。

3. 鉴定、考核、考察材料

人事管理活动中，组织、人事部门通过各种途径，对员工的基本情况、学习、工作、才能、政绩、优缺点等方面进行调查了解，所形成的评价性材料归入本类。

鉴定、考核、考察材料的内容包括：①干部（公务员）、党员、团员、职员、工人、学生（学员）、军人等各类人员历年的鉴定（包括自我鉴定）；②出国、出境、调动、学生毕业或结业的鉴定；③以鉴定为主要内容的各类人员登记表；④组织上正式出具的鉴定性的员工表现情况材料；⑤考核登记表，考察、考核材料，民主评议和组织考核的综合材料；⑥干部任免、调动依据的正式考察综合材料；⑦以考核为主要内容的材料。

归入本类的材料必须是经过组织研究认可正式形成的，能正确、历史地反映员工实际情况，具有考查价值的鉴定、考察、考核材料、盖公章后才能进入人事档案。未经组织认可的一般考察、考核材料、会议记录、发言记录、谈话记录、索取的证明或从档案中摘录的员工材料等，一律不得归入人事档案。

4. 学历、评聘专业技术职务与评定岗位技能的材料

凡是记载和反映员工学历、学位、学习成绩、培训结业、评聘专业技术职务、评定岗位技能情况的材料，均归入本类。

学历、评聘专业技术职务与评定岗位技能的材料的内容包括：①报考中专、高等学校学生（学员）登记表、审查表、审批表；②中专、高等学校或自考、培训结业的学习成绩登记表、记分册、成绩单；③中专、高等学校学生毕业登记表、毕业生分配登记表、审批表；④授予学士、硕士、博士学位的决定；⑤学历证明材料、认定干部文化程度呈报表、审批表；⑥选拔留学生审查登记表；⑦评聘专业技术职务（职称）任职资格申报表，专业技术职务考绩材料，聘任专业技术职务（职称）审批表、登记表，套改和晋升专业技术职务（职称）审批表、登记表；⑧评定工人岗位技能的登记、考核、审批材料；⑨员工的创造发明、科研成果、技术革新成果的评价材料、著作、译著、有重大影响的论文（获奖、在国家级刊物发表的）等的目录；⑩反映员工学历才识、专业技术方面的登记表、调查表等材料。

5. 政治历史审查材料

凡对员工的政治历史、经历、出身、社会关系、党籍、参加工作时间等问题进行审查形成的材料，均归入本类。

政治历史审查材料的内容包括：①政治历史问题的审查结论、调查或审查报告、上级的批复、调查证明的依据材料、检举揭发材料、本人对所审查问题的检查交代或说明材料、对结论和决定的意见、主要申诉材料；②甄别、复查和平反结论、意见、决定、调查报告、批复及结论的主要依据材料；③审干中形成的审干登记表、肃反审查表、党员审查表与调查表以及交代材料；④入党、入团、参军、提干、出国的政审材料；⑤家庭成员、社会关系的主要证明材料、平反决定、通知；⑥更改民族、年龄、家庭出身、本人成分、国籍、入党入团时间、参加工作时间等问题的个人申请、组织审查报告、上级批复以及所依据的证明材料；⑦高等学校学生考生政审表。

6. 入党入团材料

参加中国共产党、共青团及民主党派的材料，均入本类。

入党入团材料的内容包括：①批准转正的中国共产党入党志愿书、入党申请书、转正申请书、党员登记表；②中国共产党党员重新登记表、党员暂缓登记表，不予登记表的决定、组织审批意见及所依据的材料；③民主评议党员中形成的组织意见、党员登记表、劝退或除名党员的主要事实依据材料、组织审批材料、延长预备党员预备期、取消预备党员资格的处理决定和意见；④中国共产主义青年团入团志愿书、申请书、团员登记表、退团材料；⑤加入民主党派的申请书、登记表、批准加入组织通知等有关材料。

7. 奖励材料

在工作或学习中有突出成绩的员工给予奖励或表彰的材料，均归入本类。

奖励材料的内容包括：①各级组织正式命名授予的劳动模范、英雄，先进生产者、三八红旗手、新长征突击手、先进工作者、优秀党（团）员、优秀学员以及其他荣誉称号的决定、审批表、登记表、奖励证书、先进事迹材料；②创造发明和各种业务、技术奖励、通报表扬、立功受勋与嘉奖材料；③有突出贡献和拔尖人员审批表；④从事专业工作30年人员登记表、审批表。

奖励材料一般是县（团）级以上单位形成的才能归入本类，科室、车间、区、乡（镇）、村、部队营、连等单位形成的奖励材料不予归档。

8. 处分材料

员工违反党纪、政纪、国法受到纪律检查部门、监察部门或其他审理部门，对其所犯错进行调查处理形成的材料，归入本类。

处分材料的内容包括：①员工违纪、违法受党内外处分的决定、记过、查证核实报告（调查报告）、上级批复、通报批评材料、本人检查交代和对处分决定的意见；②甄别、复查、平反的决定、结论、调查报告、上级批复及本人意见；③法院的刑事判决书材料；④免于处分的意见、本人检查交代材料、撤销处分材料。

9. 录用、任免、出国（出境）、工资、待遇及各种代表会议代表的材料

凡办理任免、选举、调动、授衔、晋级、录用、聘用、招用、复员退伍、转业、工资、待遇、出国、离退休及退职材料，各种代表会代表登记表等材料，均归入本类。

录用、任免、出国（出境）、工资、待遇及各种代表会议代表的材料的内容包括：①办理工资待遇工作中形成的工资级别登记表、见习期、试用期、转正定级、奖励晋级、提职、调整工资、工资改革、兑现工资、奖励工资、浮动工资、津贴审批表、岗位技术工资变动登记表、解决待遇问题的审批材料、保险福利待遇材料；②军队授衔、晋衔、晋级、提高职级待遇的登记表、审批表、军队转业、复员、退伍军人审批表、登记表、应征入伍登记表；③干部调配（转业安置）、任免呈报表（附件）；④录用和聘用审批表、登记表、聘用干部合同书、续聘审批表、解聘辞退材料、劳动合同材料；⑤招工、以工代干人员转干审批表、登记表；⑥退（离）休、退职审批表、享受部级、司局级、处级待遇审批表；⑦出国、出境审批表、登记表；⑧出席县团级或相当于县团级以上单位的党代表会议、人代会议、政协会议和工、青、妇等群众团体代表会议、民主党派会待会议形成的代表登记表和委员的简历、政绩材料。

10. 其他可供组织参考的材料

凡上述9类未包括的、对组织上有参考和保存价值的材料，均可归入本类。

其他可供组织参考的材料的内容包括：①有残疾的体检表、确定残疾等级的材料；②工伤、职业病，可享受劳保待遇或提前退（离）休的依据及体验证明材料；③民事纠纷判

决书、调解书；④办理丧事的讣告、悼词、生平、报纸报道的消息、非正常死亡的调查报告、善后处理材料、遗书。

（二）副本材料

人事档案的副本是正本中以下类别主要材料的重复件或复制件构成。

第1类：近期履历材料。

第2类：无

第3类：主要鉴定、干部考核材料。

第4类：学历、学位、评聘专业技术职务的材料。

第5类：政治历史问题的审查结论（包括甄别、复查结论）材料。

第6类：无

第7类：奖励材料。

第8类：处分决定（包括甄别、复查结论）材料。

第9类：任免呈报表和工资、待遇的审批材料。

第10类：多余的重要材料，也可归入副本。

四、人事档案工作的基本情况

人事档案工作是用科学的原则和方法管理人事档案、提供档案信息为组织、人事工作服务的一项工作。人事档案工作是组织、人事工作的重要组成部分，也是国家档案工作的组成部分。它是为贯彻执行人事工作路线、方针和政策，选贤举能，知人善任，为社会主义现代化建设服务的。

（一）人事档案工作的基本任务

根据改革开放形势下组织、人事工作的需要，加强人事档案材料的收集归档工作，完善管理体制，搞好队伍建设，做好基础工作，进一步改善保管条件，努力提高科学管理水平，保障提供利用，有效地为组织、人事工作服务，为社会主义现代化建设服务。

（二）人事档案管理部门的职责

人事档案管理部门的职责包括：①保管人事档案，为国家积累档案史料；②收集、鉴定和整理人事档案材料；③办理人事档案的查阅、借用和转递；④登记员工的职务、工资和工作变动情况；⑤为组织、人事工作提供人才信息，为有关部门提供员工情况；⑥做好人事档案的安全、保密、保护工作；⑦调查研究人事档案工作情况，制定规章制度，搞好人事档案的业务建设和业务指导；⑧推广、应用人事档案现代化管理技术；⑨定期向档案馆（室）移交死亡员工的档案；⑩办理其他有关事项。

(三) 人事档案工作的管理体制

人事档案工作实行集中统一和分级负责的管理体制。人事档案是人事管理活动的历史记录，是开展人事工作的必要条件，管理人事档案是人事工作自身的需要，是组织、人事、劳动部门的职责。人事档案应由各级组织、人事、劳动部门集中统一管理。我国现行的人事档案的管理体制是：工人档案由所在单位的劳动（劳资）部门管理；学生档案由所在学校的教务或学生工作部门管理；军人档案由各级政治（干部）部门管理；干部档案则按干部管理权限集中统一管理；各级组织、人事部门有明确的管理权限，分管哪一级干部，就管哪一级干部的人事档案，做到"人档统一"。这一原则在地（市）以上是完全适用的，但在县以下的单位（包括县委、县府直属单位），管的干部少，大多只是几十人，有的甚至只有几个人，单位小，档案少，无专人管理，不具备保管条件，严重影响了干部档案的安全保密和业务建设。为此，《干部档案工作条例》（以下简称《条例》）规定："县以下机关、单位的干部档案，实行由县委组织部集中管理，或由县委组织部、县人事局等单位相对集中管理。不具备保管条件或档案很少的单位，其干部档案由上一级单位管理。干部档案被纳入综合档案室管理的单位，其干部档案要固定专人管理。"

目前我国人事档案工作仍实行分块管理，干部档案工作的领导与指导，由各级党委的组织部负责。企业职工档案工作由所在企业的劳动职能机构负责，接受劳动主管部门的领导与指导。学生档案工作由所在学校的有关部门负责，由教育主管部门领导与指导。军人档案工作由各级政治（干部）部门负责领导与管理。除军人档案工作外，上述3项档案工作均已纳入全国档案工作管理体系，由各级档案行政部门按《中华人民共和国档案法》等有关规定，进行宏观管理和协调工作。

五、人事档案的收集

收集人事档案材料，充实人事档案内容，是贯穿于人事档案工作始终的一项经常性的工作。收集人事档案材料，政策性强、涉及面广、难度较大，它不仅是人事档案部门的任务，也是形成人事档案材料部门的任务，必须各方面密切合作才能做好。

（一）归档

1. 归档范围

做好收集工作，首先应明确收集什么。依据中共中央组织部制订的《干部人事档案材料收集归档规定》的精神，人事档案材料的归档范围包括：调配、任免、考察考核材料，录用材料，办理出国、出境材料，各种代表会材料，工资待遇材料，学历和评定岗位技能材料，职称材料，加入党团组织材料，政审、考核材料，奖励与处分材料，履历、自传、鉴定材料，科研材料，残疾材料，其他材料。

2. 归档要求

（1）必须是办理完毕的正式文件材料。

（2）材料必须完整、齐全、真实、文字清楚、对象明确、写明承办单位及时间。

（3）手续完备。凡规定应由组织审查盖章的，须有组织盖章；凡须经本人见面或签字的，必须经过见面或签字。

（4）档案材料须统一使用16开规格的办公用纸。不得使用圆珠笔、铅笔、红色及纯蓝墨水、复写纸书写。除电传材料外，一般不得用复印件代替原件归档。

（二）收集制度

1. 移交制度

人事档案部门应建立和健全移交制度，明确规定各单位、各部门日常工作中形成的，凡是属于归档范围的材料，均应移交人事档案部门。例如，各单位党团组织与同级组织、人事、业务部门，应在每批干部任免、调整职级、配备领导班子、专业技术职务评聘，评定工人岗位技能、考核考察以及调入院校学习或培训的学习材料。县团或相当于县团级以上党代会、人代会、政协会和工、青、妇等群众团体会议的代表登记表、委员简历、政绩材料等均应及时归入人事档案。保卫部门对员工的政治历史问题已弄清并作出结论后，应将结论、决定及有关重要材料送人事档案部门归档。纪检、监察部门应将有关员工奖惩的决定及重要材料送人事档案部门一份，归入人事档案。[①]

2. 索要制度

人事档案部门不能完全坐等有关单位主动送材料上门，应经常与有关部门保持密切联系，定期（季、半年、1年）或不定期索要应归档的人事档案材料，对于迟迟未交者，应及时发函、打电话或登门索要，做到嘴勤、手勤、腿勤。

3. 检查核对制度

人事档案部门对所管人事档案数量的状况，应定期（季度、半年、1年）进行检查核对，将不符合归档要求的材料退回形成单位，并重新制作或补办手续；不属人事档案范围的材料，予以剔除或退回原单位处理；发现缺少的材料，应填写补充材料登记表，以便有计划地进行收集。

4. 补充制度

组织、人事、劳动（劳资）等部门，根据工作需要和档案材料的缺少情况，统一布置

[①] 张端，刘璐璐，杨阳. 新编档案管理实务 [M]. 成都：电子科技大学出版社，2017：168.

填写履历表、登记表、鉴定表、自传等，使人事档案及时得到补充。

（三）人事档案材料收集的重点

根据人事档案工作的要求和新的用人观点，针对目前人事档案不能全面反映员工的现实状况，缺少反映业务水平、技术专长、工作业绩等材料，为此，当前应着重收集以下材料。

第一，反映工作能力、成就贡献、工作实绩的材料。包括考核工作中形成的登记表、民主评议、鉴定材料；评聘专业技术职务（职称）的任职资格申报表、专业技术职务考绩材料，聘任专业技术职务（职称）审批表、登记表、创造发明和技术革新的鉴定、评价材料、论文和著作目录；党内外奖励及授予英雄、模范、先进工作者等各种称号的事迹材料。

第二，反映学识水平和智能结构的材料。包括学员登记表、学习成绩登记表、毕业登记表、学习鉴定、授予学位的材料、学历证明、培训结业登记表。

第三，反映政治思想的材料。包括贯彻执行党的路线、方针政策、遵纪守法的材料；反映革命事业心、党性原则、道德品质、思想作风的材料；员工在国外、境外的鉴定材料。

第四，反映员工身体状况的材料。包括新近体检表、健康鉴定、伤残证明、确定伤残等级的材料。

六、人事档案的鉴别

人事档案鉴别工作就是按照一定的原则和规定，对收集起来的档案材料进行审查，甄别其真伪，判定有无保存价值，确定其是否归入人事档案。它是人事档案材料归档以前的最后一次检查。鉴别是系统整理的基础和前提，也是保证人事档案材料完整、精炼、真实的重要手段。鉴别工作的好坏直接决定着人事档案质量的优劣，对能否正确贯彻人事政策也有一定的影响，它是一项非常重要的工作，在人事档案中占有特殊的地位。

（一）鉴别的原则

鉴别工作的政策性很强，必须遵循"取之有据，舍之有理"的原则。取之有据，是指归入人事档案的材料要有依据，符合上级的有关规定。舍之有理，是指决定剔除的材料，要有足够的理由，尤其是准备销毁的材料，更须十分谨慎，不能武断或草率。人事档案是培养、选拔干部的依据，有时一份材料会影响一个人的使用。因此，应以高度负责的精神，慎之又慎地决定材料的取舍。为正确贯彻鉴别工作原则，必须做到以下几点。

首先，鉴别档案材料必须以有关政策规定为依据。《干部档案管理工作细则》指出：

鉴别归档材料，必须根据中央有关文件的精神，以《干部档案工作条例》和《干部人事档案材料收集归档规定》等有关规定为依据，严肃认真地进行。人事档案工作在长期实践中，中央有关部门制定了一系列文件，确立了鉴别的原则、政策界限和具体要求，是鉴别工作的依据和准绳。人事档案工作人员只有树立牢固政策观念，深刻领会有关文件精神和具体规定，才能做好鉴别人事档案材料的工作。

其次，鉴别档案材料应坚持历史的辩证的观点和实事求是的原则。《干部档案管理工作细则》指出："鉴别工作应坚持历史唯物主义和辩证唯物主义的观点，具体问题具体分析，根据形成材料的历史条件、材料的主要内容、用途及其保存价值，确定材料是否归入档案。"人事档案形成于不同的历史时期、不同的单位和个人，内容错综复杂，情况千差万别。对每份材料的处理不可能全部从党中央、国务院有关文件中找到现成的答案。因此，必须运用历史的辩证的观点，具体问题具体分析，既要对材料内部和形式进行认真、全面、细致的分析，又要联系材料形成的历史条件，具体判定每份材料的价值和手续完备的程度，切勿简单化和一概而论。

最后，鉴别档案材料要有严格的制度鉴别是决定档案取舍和存毁的大事，必须有严格的制度保证其顺利进行。凡从档案中撤出的材料，必须遵循"舍之有据"的原则，符合有关规定；要有专人负责，严格把关，对比较重要材料的取舍，应请示有关领导；销毁档案材料，必须逐份登记，履行审批和监销手续。

（二）鉴别的方法

1. 判断档案材料属性

通过各种渠道收集来的材料，由于种种原因，有些属于人事档案，有些属于文书档案、案件档案、业务考绩档案、诉讼档案等，有的材料应该归档，有的应由本人收存，有的需转递有关部门。鉴别工作的任务之一，就是把不属于人事档案归档范围的材料剔除出去。

从党团组织收集来的入党入团志愿书、申请书、转正申请书、本人的政审材料、党团员登记表、优秀党团员事迹材料等，属于人事档案范围。讨论入党入团的会议记录、个人思想汇报、审批通知书、未被批准的入党入团的志愿书、申请书等由所在党组织保存。

从纪检、监察和行政管理部门收集来的处分决定、结论、批复、本人对处分决定的意见和检查交代材料，属于人事档案范围。本人申诉材料、旁证、检举揭发材料，属于案件档案范围，由纪检、监察部门保存。

从专业技术单位和学校收集来的评聘专业技术职称的申报表、审批表、考绩材料、发明、创造、革新成果登记和论著目录、受奖材料、学位学衔材料、毕业登记表、学历证明、考试成绩单（册）等，属于人事档案范围。著作、论文、译文、技术革新与创造发明体会等，属于科技人员业务考绩档案范围。入学通知、试卷等由学校和培训部门保存。毕业证书、学生证、受奖证书等由本人保存。

从组织、人事、劳动部门收集来的干部职务任免、员工录用、聘用、招用、职级待遇调整、更改姓名、参加工作时间等的登记表和审批材料等，属于人事档案范围。干部任免、职级待遇调整的请示报告、命令、通知、离退休的审批材料等，属于文书档案的范围。任命书、残疾证、离退休证、各种证书、个人信件、日记等由本人保存。

2. 判断档案材料的归属

人事档案是以员工姓名为特征整理保存的，确定档案材料是否归档，首先应弄清楚是谁的档案，不能因同名同姓、同姓异名、异姓同名而张冠李戴，因一人多名而将材料分散。为防止张冠李戴，应仔细核对档案材料上的籍贯、年龄、性别、家庭出身、本人成分、工作单位、加入党团组织、参加工作时间、职务、工资级别等基本情况是否相同，主要经历是否一致。有些材料从形式看像是某人的，实际上不是，须从内容上加以辨认区分。由于历史原因，形成一人多名，鉴别时要核查曾用名及更改姓名的材料，否则，容易把同一个人的材料分散在几处，给查找、利用造成困难。

3. 判断档案材料的手续

只有处理完毕和手续完备的材料，才能归入人事档案。凡是悬而未决需要继续办理的"敞口"材料，不得归入人事档案。例如，干部任免、晋级、授衔、工人转干，有请示而无批复；涉及重大问题，只有检举揭发而无结论者，均属未处理完毕，不应归入人事档案，即使归入人事档案，也应抽出退回材料形成单位，待处理完毕后再归档。

4. 判断档案材料的真实性

人事档案材料的内容必须真实、准确，不能有虚假和模棱两可或相互矛盾。鉴别中发现内容不实、词义含混、观点不明确、相互矛盾的材料，均应及时退回原形成单位重新撰写、核实。鉴别中应仔细检查材料系列的完整程度，每份材料不得有缺页、无时间、作者或签章等要素，一经发现应及时收集、补充、补办手续。

5. 判断档案材料的唯一性

人事档案要保持精炼，拣出重份和内容重复的材料。不管什么材料，正、副本只各保存一份。例如，某人一次填了几份履历表，正、副本各放一份即可。有人在入党过程中多次写了申请书；有人被审查时对同一问题多次写了交代材料；有人对同一问题在不同时期写了内容相同的证明材料，鉴别时只需选取1~2份内容全、手续完备、字迹清楚的归入本人档案，其余的剔除。

鉴别工作中，还应同时检查档案材料有无破损、霉烂变质、字迹模糊、伪造或涂改等现象，有问题时及时处理。

七、人事档案的作用

第一,人事档案是考察、了解员工的重要手段。一个员工的工作与生活实践活动、思想言行、政治、业务水平以及个人素质都被记载下来,跃然纸上。人事档案有助于组织上根据每个人的特点,提出培训、录用、升迁等建议,达到因材施教、量才录用,调动人事群体的积极性。

第二,人事档案是做好组织、人事工作不可缺少的依据。组织、人事工作的根本任务,是知人用人,应做到知人善任,选贤举能。知人是善任的基础,要想知人,就要全方位地了解人。既要了解其德,又要了解其才;既要了解其长,也要了解其短;既要了解其过去,更要了解其现在。了解的方法除直接考察这个人的现状外,还必须通过人事档案掌握其全面情况。实践证明二者的有机结合,收效颇佳。

第三,人事档案是澄清个人问题的凭证。人事档案是个人历史与现实的原始记录,它可以落实人事政策,平反冤假错案,调研工资级别,改善生活待遇,确定或更改参加工作、入党、入团时间以及解决个人历史上的遗留问题等提供可靠的线索或凭证,是查考、了解和处理问题的依据。

第四,人事档案可为人才开发提供信息和数据。组织、人事部门通过使用人事档案,从中探索人才成长规律,提高人事管理科学化水平,开发人才资源,适应社会对人才的广泛需求。

第五,人事档案是编写人物传记和专业史的宝贵史料。人事档案内容丰富,数量巨大,有较高的史料价值。它是研究党和国家人事工作,研究党史、军史、地方史、思想史、专业史、撰写名人传记的珍贵资料。人事档案是组织、人事部门形成的,其中许多材料是当事人的自述,情节具体、事情真实、时间准确、内容翔实,是印证历史的可靠材料。

第二节 会计档案的管理

一、会计档案的定义

会计档案是机关、企业、事业单位或其他经济组织在经济管理活动中产生的会计凭证、会计账簿和报表等具有保存价值并作为历史记录保存起来的会计核算专业材料。

首先,会计档案的来源广泛。会计档案的形成者来自四面八方,既有企业、事业单位，又有各种社会组织、社会团体；既有近些年发展起来的个体工商户、专业户，又有中外合资企业等。可以说，凡是有经济活动的地方与单位，就会产生会计档案。

其次，会计档案是会计核算的产物。会计核算是对会计对象进行连续、系统、完整的记录和计算。需要核算的每一项经济活动必须严格地以凭证为依据，按规定的手续填制凭证，并按照有关政策和制度的规定审核经济活动是否合理、合法；设置科学的账户体系，对经济活动的内容进行归类反映；根据账簿记录，对核算资料进行整理汇总，按照规定的指标和格式，制成具有内在联系的报表体系，作为日常核算的集中和概括。凭证、账簿和报表都是在会计核算活动过程中形成的，是科学地组织会计核算的需要。

最后，会计档案的主要成分是会计凭证、会计账簿和会计报表。除此之外，一般不应属于会计档案的范围。只有通过会计凭证、会计账簿和会计报表这个统一的会计核算体系，才能对企业、事业单位、机关和团体的资金周转活动进行连续的、系统地、全面的反映和监督。

二、会计档案的特点

会计档案与其他类型的档案相比较，有以下几个特点。

（一）广泛性

从形成会计档案的部门与单位来看，凡是具备单独会计核算的单位，都会产生会计档案。全国能独立核算的单位有几百万个，各级国家机关、事业单位几十万个，各级财政税务机关有几万个，国有企业和行政事业单位有预算会计人员几百万人，这些单位和人员每天都在发生大量的会计事项，每年产生的会计凭证、会计账簿和会计报表等会计档案以千万吨计，会计档案产生与使用的普遍性，是它的一大特点。

（二）严密性

会计工作有严密的法规和规章制度作保障。会计档案是会计核算的产物，它与会计核算中的每项具体细致工作息息相关，没有会计核算这个环节，也就无所谓会计档案。从会计档案的内容和程序来看，它是先有会计凭证，然后依据会计凭证填写会计账簿，最后根据会计账簿编制会计报表。在反映经济活动与财务收支方面，一环扣一环，具有连续性且联系十分紧密。一项经济活动或一项财政开支，从其业务发生到结束上报，连续地进行记录，对一连串的数字进行正确的计算、综合和分析。在一系列程序中，会计凭证、会计账簿和会计报表密切相连，不能脱节。这种内容与程序的严密性，远远超过了普通档案。

（三）稳定性

会计系统包括工业会计、农业会计、商业会计、银行会计、行政事业单位会计等，门类很多，遍布生产流通和非生产流通各个领域。会计档案尽管内容与种类繁多，但是它的基本类型只有3个：会计凭证、会计账簿和会计报表。这种类型的稳定性，是区别于其他类型档案的重要标志之一。

三、会计档案的作用

会计档案是在会计工作中形成的，会计工作又是由于管理经济的需要而产生的。因此，会计档案在经济活动中具有重要作用。其主要表现在以下几方面。

第一，提供数据、资料。会计档案可以为制订经济计划、进行经济可行性研究、作出经济决策、领导经济工作提供各种有用的信息，为研究、指导国家经济建设提供可靠的数据和可比性资料，某些会计档案还对国家制定经济政策有重要的参考作用。

第二，提供决策依据。会计档案以大量的原始数据，为各企业事业单位的财务工作和生产经营提供决策依据。

第三，监督作用。会计档案对保护国家财产、监督执行国家财务制度和财经纪律有着重要作用，是查处经济案件、打击经济领域犯罪活动的有力工具。

第四，提供研究史料。会计档案是研究经济发展、总结财政工作的经验和教训的可靠史料。

四、会计档案的收集

要使会计档案信息齐全、完整，收集工作必须有以下几点要求。

第一，认真贯彻执行"统一领导，分级管理"的原则。集中统一管理会计档案，是会计档案收集工作最基本的要求，是国家全部会计档案能够实现集中统一管理的基础。《中华人民共和国会计法》第十五条规定："会计凭证、会计账簿、会计报表和其他会计资料，应当按照国家规定建立档案，妥善保管。"由此可见，集中统一管理会计档案是会计部门与档案部门的基本职责，是受法律保护的。

第二，收集工作要遵循会计档案的形成规律。随着经济建设的迅速发展和经济管理的日趋现代化，会计核算的领域在不断扩大。会计的职能在我国以公有制为主体的商品经济中的重要地位和作用日渐被认识。我国的会计核算逐渐冲破传统的事后记录、计算、考核、分析等环节的核算体系。会计档案及其前身——会计档案，正是在各项经济管理、生产活动、经营销售、预算决策的会计工作环节活动中自然形成的，有其一定的形成规律。这就要求会计档案的收集工作必须遵循会计工作各个环节的形成规律，及时收集归档。

第三，收集工作要保证会计档案的齐全、完整和准确。随着科学管理的深入，各单位在制订经济计划，组织经济可行性研究，进行经济决策，领导经济工作对会计信息的数量、质量的要求会越来越高，越来越频繁。为此，会计档案的齐全、完整、准确，是保证会计信息质量的关键。

五、会计档案的鉴定

（一）鉴定的步骤

由于会计工作的经济责任性和会计档案内容和成分形成的特殊性、多样性，决定了会计档案鉴定工作的层次性，使会计档案的鉴定分阶段进行。

第一步：初步鉴定。它是在会计核算材料整理过程中由会计人员完成。会计部门在每年的会计年度终了时，要对需要归档的会计材料进行整理、编目、装订，并且根据会计档案管理办法，确定每卷册档案的保管期限。此项工作贵在认真、细致、规范与坚持。

第二步：复查鉴定。档案部门接收会计部门移交的档案后，要定期会同会计人员对已到保管期限的会计档案进行复查鉴定，或延长保管期限，或确定销毁。对某些在初步鉴定时保管期限定得不适当时，可予以纠正。

第三步：销毁鉴定。对保管期满可以销毁的档案，由档案部门提出意见，再由会计部门与档案部门共同鉴定。经认定，确无继续保存价值时，造具清册，经过批准可以销毁。

（二）鉴定的要求

鉴定工作的要求包括：

第一，认真做好鉴定与销毁前的准备工作，建立与健全鉴定工作制度，做好档案部门与财务部门的沟通与交流；

第二，形成制度，定期会审；

第三，对判定保管期满会计档案的价值时，其中涉及外事、未了债权债务的原始凭证以及历史遗留问题有重要参考价值的原始凭证与名册，要拣出重新立卷，由档案部门保管到确无保管价值再销毁。

六、会计档案的归档

首先，要明确会计档案的归档范围，即哪些单位或部门的哪些材料应该送到档案室归档。归档的会计档案主要来源于财政机关总预算会计、单位预算会计、建设银行会计、机关经费会计、税务机关的税收会计、企业事业单位会计及建设单位会计。会计档案的归档范围主要包括会计凭证、会计账簿和会计报表等会计核算专业材料。而财会部门经办的有关财会工作的方针、政策、制度、预算、计划、工作总结、报告以及来往文书都不属于会计档案的归档范围，应按照文书档案管理办法执行。

其次，按照会计制度的统一规定，年终在办理决算以后，会计凭证、账簿和报表应一律归档，统一保存，以备查询。会计档案的归档，通常有两种方式可供选择：一种方式是本年度的会计凭证、账簿和报表由本单位会计部门保管，但在年终决算报上级批准后，会计部门应该编造清册，移交单位的档案室统一保管；另一种方式是本年度的会计凭证、账簿和报表可由会计人员自己负责保管，但在年终结算后，会计人员按其业务分工，把自己所保管的会计凭证、账簿和报表，按规范要求初步进行管理，交财务部门档案室统一保管，并指派专人专管或兼管此项工作，会计部门只需定期把其中具有永久保存价值的会计档案交本单位的档案部门集中管理。采用何种方式归档，会计部门应与档案部门协商，从实际情况出发，及时做好归档工作。

最后，要把会计档案的积累和归档，列入会计工作人员的职责范围之内要建立归档制度并明确归档的内容、范围和登记方法。根据会计档案形成的具体情况，可把归档或具体的收集渠道落实到人，以保证会计档案的收集质量。

七、会计档案的分类

会计部门在对经济管理活动中形成大量的杂乱的文件，只有通过科学的分类、整理，才能使之条理化。

会计档案的分类要从各单位的具体情况出发，不能一刀切。目前，主要有以下几种方法。

第一种方法是会计年度——形式（凭证、账簿、报表）——保管期限分类法。这种分类方法首先应分开会计年度，再把一个会计年度的会计档案按报表、账簿、凭证3种形式成为三大类，然后在三大类内按永久、25年、15年、10年、5年的顺序排列，一年编一个案卷流水号。这种分类方法简便，容易掌握，分类与保管同一，便于查找和利用。这种分类方法适用于单位预算会计、企业会计。

第二种方法是会计年度——保管期限——组织机构分类法。首先按会计年度分开，再把一个年度的会计档案按不同保管期限分工，然后在同一保管期限内，按单位内的组织机构的顺序进行排列（同一组织机构先排报表、后排账簿与凭证），一年编一个案卷流水号。这种方法适用于各级总预算会计单位。

第三种方法是会计年度——会计类型——形式——保管期限分类法。首先把会计档案按会计年度分开，再把一个年度的会计档案按会计类型（税务部门的税收计划、税收会计、经费会计）分设属类，然后按同一属类内的会计档案的报表、账簿、凭证顺序结合保管期限进行排列。这种分类方法适用于专业性强的各级税务机关的会计档案。

八、利用会计档案需注意的问题

(一) 建立、健全会计档案的借阅制度

建立、健全会计档案的借阅制度是指要对会计档案的利用范围、利用方式、批准手续,以及归还案卷的检查,作出具体规定并认真贯彻执行。

(二) 严格借阅手续

严格借阅手续是指本单位人员因工作需要借阅会计档案,要经会计主管人员同意。外单位人员查阅会计档案,要有正式介绍信,经会计主管人员或单位负责人批准后,在指定地点查阅。调阅档案的人员均需填写"调阅会计档案登记簿",登记调阅者的姓名、工作单位、调阅理由和所调档案的名称、日期等。调阅人员一般不得将会计档案携带外出。

(三) 确保会计档案原件的完整和安全

确保会计档案原件的完整和安全是指无论何人查阅会计档案,均不得在会计档案上做任何标记,不得折叠、涂改和污损,更不能拆毁原卷册,抽换会计凭证和账页,不得造成遗失和泄漏事故,违者应视情节轻重进行严肃处理。

(四) 对复制、摘抄会计档案材料严格审查把关

对复制、摘抄会计档案材料严格审查把关是指利用者需要复印、复制、摘抄会计档案时,需事先征得档案保管人员审查签字,并经财会部门主管负责人审查批准后才能交付利用者。工商、税务、司法等机关需要以会计档案作为凭证时,可以出示复印件,加盖会计档案管理部门证明章,不得拆卷,更不能带走原件。

会计档案提供利用时,档案管理部门与会计主管部门应注意收集会计档案提供利用的效果,并把利用效果反馈的具体情况,包括利用目的、利用卷次及人次、解决问题的程度、社会效益和经济效益以及尚待解决问题的难点等,逐一详细地登记在"利用效果登记簿"上,以便及时总结会计档案提供利用工作中的经验与教训,进一步改进会计档案管理工作。

第三节 科技档案的管理

一、科技档案的定义

科技档案定义的作用是揭示科技档案的本质属性,明确科技档案概念的内涵,从而明

确科技档案同相邻事物（文书档案、科技资料、科技文件等）的区别。我们可以从以下三个方面来理解科技档案的定义。

第一，定义明确了科技档案的产生领域和内容性质，规定了科技档案同文书档案（政务档案）和其他档案在性质上的区别。

第二，定义明确了科技档案是生产、科学研究、基本建设、设备及其管理活动的直接记录，规定了科技档案与科技资料、科技情报、科技图书等在性质上的区别。

第三，定义明确了科技档案是具有保存价值的应当归档的科技文件材料，规定了科技档案与科技文件材料的区别。

二、科技档案的种类

科技档案的种类随着科技的发展而日益增多，采用不同的划分标准可以得到不同种类的科技档案。按载体形式划分，科技档案可以分为三种类型：一是原始型科技档案，是指纸张发明以前的各种载体的科技档案，包括甲骨、铜器、竹简、缣帛、岩石等；二是传统型科技档案，又称纸质档案，即以各种纸张为载体，目前这类科技档案在数量上占绝对优势；三是现代型科技档案，它们以感光材料、磁性材料等新型材料作为载体，这类科技档案正在大量增加。按产生的科技领域划分主要有：工业生产技术档案（工业产品档案）、农业生产技术档案、基本建设档案、设备仪器档案、自然科学研究档案、地质档案、测绘档案、天文档案、水文档案、气象档案、环境保护档案、地震档案、医疗卫生档案、专利档案、标准化档案等。

（一）工业生产技术档案

工业生产技术档案是在工业产品开发设计、研制和制造、检验等过程中形成的档案，主要产生在产品的开发设计部门和工矿企业。由于工业生产的专业不同、分工不同、生产类型不同、设计对象和内容不同、产品对象不同，产品档案在内容和数量上均有很大差别。工业生产技术档案的基本特点是以型号成套。

（二）农业生产技术档案

农业生产技术档案亦称农业科技档案，是指在农、林、牧、渔各业的生产技术活动中形成的档案。主要包括：农业自然资源调查和农业区划档案、种子档案、作物栽培档案、植物保护档案、林业档案、畜牧档案、水产档案、农机设备档案、农田水利工程档案、农业垦殖档案等。农业生产技术档案的基本特点是按种类成套。从形成、内容和性质上分析，它还具有种类繁多、综合性强、数量大、形成周期长和地域性强等特点。[①]

（三）基本建设档案

基本建设档案简称基建档案，亦称项目档案，是在各种建筑物、构筑物、地上地下管线等基本建设项目的立项、审批、招投标、勘察、设计、施工、监理、竣工验收、后评估及项目的使用、维护等活动中形成的档案。按建筑对象使用性质的不同，划分为三种类型：工农业生产性基建档案、军事国防工程基建档案、民用工程基建档案；主要包括项目前期档案、施工档案、竣工图、监理档案和竣工验收档案。

项目档案的基本特点是以工程项目成套。

（四）设备仪器档案

设备仪器档案简称设备档案，是各种机器设备、车辆、船舶、仪器、仪表的档案。

设备按其构造和使用形式划分为两种：一种是同土建工程连在一起的不可挪动的，如化工装置、冶炼设备、石油管道、线路等，这种设备档案一般同基建档案难以截然分开，因此可以归入基建档案；另一种是可以挪动的设备，如各种机械加工、运输、采掘、起重设备及某些仪器、仪表等，我们通常所讲的设备档案，主要就是指这类设备档案。

设备按来源划分，可分为两种：自制设备和外购设备。自制设备档案构成前期与产品档案基本相同，后期档案主要包括设备在安装、调试、使用、维修、改造等过程中形成的档案。外购设备档案主要包括设备立项、审批，购置合同协议、开箱验收、随机文件、设备安装调试、使用、维修、改造直到报废形成的档案。

设备档案的基本特点是以型号成套。

（五）自然科学研究档案

自然科学研究档案简称科研档案。它是在自然科学技术研究活动中形成的档案。科研活动按照其类型或层次，一般分为基础科研、技术科研和应用科研三种类型。科研档案主要包括研究规划、计划材料，研究依据性材料，定题论证材料，观察实验材料，课题成果和总结鉴定材料，成果推广应用材料等。科研档案的形成单位主要是各级研究院、所和基层单位所属的研究机构。

科研档案的基本特点是以课题成套。

（六）地质档案

地质档案是在地质调查研究、矿产勘探等活动中形成的档案。它一般可以划分为区域地质档案、固体矿产地质档案、石油地质档案、海洋地质档案、物探和化探档案、水文地

---

① 高金宇，刘益芝，等. 科技档案管理 [M]. 北京：科学出版社，2013：84.

质档案、工程地质档案、环境地质勘探档案和地震地质勘探档案等。地质工作一般划分为三个阶段，即区域地质调查阶段、地质普查阶段、地质勘探阶段。每一个阶段都按以下五个主要工作程序开展工作：地质设计、野外勘测、室内综合分析整理、编制地质成果报告、审批成果报告。各阶段产生与活动相应的档案。

地质档案的基本特点是按地质项目成套。

（七）测绘档案

测绘档案是在大地测量和地图绘制活动中形成的。按不同的使用性质，可分为基本测绘档案、专业测绘档案、特业测绘档案和现势参考四种。根据内容性质、精确度的不同，又可分为全国性测绘档案、地方性测绘档案和专业性测绘档案三大类。测绘档案的内容构成主要包括各种测量和观测手簿、原始记录、计算材料、各种照片、图样、图表、技术总结等。

测绘档案的基本特点是以测绘项目成套。

（八）天文档案

天文档案是在天文观测和天文研究活动中形成的，主要内容包括：天文、天象的各种观察记录、图表和照片、分析整理报告和图册等。

天文档案的基本特点是以单位天文台为中心以时间为顺序而成套。

（九）水文档案

水文档案是在水文观测和水情预报等活动中形成的，主要内容有站网测绘与整编成果档案、水文测绘与预报档案、水文分析与计算档案。

水文档案的基本特点是按观测项目按时间顺序成套。

（十）气象档案

气象档案是在气象观测、预报和气象业务技术管理活动中形成的，主要有气象观测记录档案、气象业务技术和服务档案、气象业务技术管理档案，以及为气象测报提供条件的其他档案（气象设备、基本建设和气象研究）。

气象档案的基本特点是按台站分专业项目以时间顺序成套。

（十一）环境保护档案

环境保护档案简称环保档案，它是在环境管理、监测、评价预测和环境科研等活动中形成的，主要内容包括环境管理档案、污染源档案、环境监测档案、环境预测评价档案、环境保护工程档案、自然保护档案、环境保护科研、宣传和咨询档案，以及环保设备仪器档案。

环保档案的基本特点是按专业项目或时间顺序成套。

(十二) 地震档案

地震档案是在地震监测、地震预报、地震科研、地震调查、考察等活动中形成的,主要内容包括地震调查、观测档案,地震会商、预报档案,震灾档案,地震台网档案,地震科研档案。

地震档案的基本特点是按台站分专业项目以时间顺序成套。

(十三) 医疗卫生档案

医疗卫生档案也称医学科技档案,是在各种疫病的预防、治疗、护理及药品、生物制品的监督、检定和生产技术活动中形成的,主要包括医疗技术档案,卫生防疫和卫生监督档案,妇幼卫生档案,药品和生物制品监督、检定及生产技术档案。医疗卫生档案的基本特点是按专业项目或按人头成套。

(十四) 专利档案

专利档案是在专利权的申请、审查、批准授予的过程中形成的。其内容构成因专利的种类不同而有所不同,发明专利和实用新型专利档案主要包括专利申请书、说明书、权利要求书、绘图、摘要、专利审查材料、专利证书等。

专利档案的基本特点是按专利项目成套。

(十五) 标准化档案

标准化档案是在标准化过程中形成的,记述和反映标准化活动过程及其成果的档案材料,主要内容包括一项具体标准在准备、研究、成果、贯彻实施各阶段形成的档案。标准化档案的特点是按标准项目成套。

三、科技档案的特点

第一,专业性强。专业性强是科技档案和其他档案的根本区别。科技档案是科技活动的记录和伴生物,科技活动是分专业进行的,这就决定了科技档案产生的领域具有鲜明的专业性,其内容性质和表达形式也具有鲜明的专业性。

第二,形成专业领域的广泛性。凡是人类所进行的认识自然和改造自然的活动都属于科技活动,科技活动内容的广泛性,决定了科技档案形成领域的广泛性。到目前为止,在档案界公认的科技档案除了前面所介绍的十五种外,还有海洋档案、军事档案等,随着生产的不断发展和新的科技领域的开拓,随着人类认识自然、改造自然能力的增强,科技档案的种类必然会不断增加。

第三，成套性强。成套性是指围绕一个独立的科技活动项目产生的全部科技档案是一个有机联系、密不可分的整体。

第四，标准化程度高、通用性强。标准化程度高是指科技档案从形式到内容、设计与编制、制成材料、编制要求、方法等，都有国家标准或专业标准。通用性强是指一个项目（甚至一个单位）产生的科技档案不仅本项目（本单位）要利用，其他项目（单位）往往也要利用，尤其是同一行业的各单位可以互相通用。

第五，现实性强。科技档案的现实性特点，是指其具有较强的现实使用性。科技、生产活动的进行，离不开科技档案，尤其是工程和产品设计、设备使用、维修、石油、矿藏的开发等活动，只能依靠有关的科技档案，否则寸步难行。这一特点使科技档案同科技、生产活动紧密联系，不可分离，促进了科技档案工作的不断发展。

第六，可以更改、补充。作为科技、生产活动真实记录的科技档案，在一定条件下可以更改、补充，这一特点是其他档案所不具备的。

科技档案工作的基本要求是维护科技档案的完整、准确、系统、安全。其中，维护科技档案的完整、准确、系统，是对科技档案的质量要求，科技档案在内容上既要保证科技活动的历史面貌，还要保证从动态上记述和反映科技对象的发展变化过程，所以，当科技活动对象发生变化时（如产品更新换代、建设项目维修维护、扩建、改建、设备仪器维修、改造等），客观要求科技档案必须随着它所记述和反映的对象的变化而变化。因此，科技档案不仅可以更改、补充，而且必须及时更改、补充，否则科技档案的价值就难以实现。

四、科技档案的收集

第一，科技档案要在法律、法规指导下进行收集。集中统一管理科技档案是《档案法》的明确规定。任何企事业单位的科技档案都应该由科技档案部门依法进行收集，实行统一管理，这是国家全部科技档案实现集中统一管理的基础。

科技档案的具体收集工作要符合《档案法》《中华人民共和国知识产权法》《中华人民共和国企业法》等有关法律及《国有企业文件材料归档办法》、国家重大建设项目文件归档要求与档案整理规范（DA/T28—2002）、《企业档案工作规范》（DA/T42-2009）等文件的规定。科技档案的集中统一管理实质是对无形资产的集中管理，还必须注意遵守其他政策、法规。特别是在市场经济条件下，科技档案收集的范围必须与其资产的所有权相适应，征集和征购科技档案必须以自愿为前提。

第二，科技档案的收集必须根据科技活动特点和遵循科技档案的自然形成规律。科技档案是伴随着科技、生产活动有规律形成的，科技档案收集工作是一个承前启后的环节。

对于基础科技档案部门的收集和归档来说，它连接着科技、生产活动和科技档案管理活动；对于科技专业档案馆的收集来说，它联系着科技档案形成单位和科技专业档案馆的各项业务管理活动。这要求科技档案收集工作必须符合科技、生产活动的特点和遵循科技档案的自然形成规律，照顾到前后左右的工作关系，提高收集工作的科学性。做到既保证科技档案集中统一管理和科技档案的完整、准确、系统、安全，又不影响科技、生产活动对科技文件的使用。

第三，科技档案的收集工作要保证科技档案的质量。收集是保证科技档案质量的重要关口（入口关），科技档案完整、准确才能充分发挥其凭证、查考作用与科技资源储备作用。所以，收集工作必须把好科技档案的质量关，做好科技文件形成、积累、整理、归档的监督、检查、指导工作，特别要加强接收归档的质量验收工作。尤其是特殊载体的文件如缩微胶片、录音带、录像带、光盘等，已不像文字材料和图样材料的质量那么直观。因此，科技档案工作者要认真研究并掌握各种载体科技档案质量的基本鉴别方法，确保收集科技档案的质量。为此可以实行科技档案质量检验单制度，对入库科技档案逐项进行严格的质量验收，对存在的问题必须予以解决后，才能接收。

五、科技档案的鉴定

（一）鉴定工作的内容与基本任务

科技档案鉴定工作就是根据一定的原则和标准，鉴别科技档案的现实和历史价值，根据价值大小确定保管期限，把没有和失去保存价值的科技档案剔除、销毁或移交的一项业务工作。

科技档案鉴定工作是分两个阶段进行的，即归档鉴定与管理鉴定（期满鉴定）。归档鉴定，是在科技文件归档时进行的，通常纳入归档时的管理工作中，具体工作由有关业务部门承担，科技档案部门对此只负责检查和协助。本章仅就管理鉴定进行介绍性的探讨。管理鉴定是指科技档案部门在管理工作中对期满科技档案进行的鉴定。

目前科技档案鉴定工作主要是对科技档案价值进行鉴定。其工作内容主要包括对已到期或超过期限的科技档案进行价值量鉴定；对仍有保存价值的科技档案，调整保管期限和密级，把失去保存价值的科技档案剔除、销毁或移交，并确定具体执行办法。科技档案鉴定工作的基本任务是进行科技档案价值鉴定，确定科技档案保管期限，剔除无保存价值的科技档案并按规定程序销毁或移交。

（二）鉴定工作的目的

目的一：提高科技档案质量。通过鉴定工作，去粗取精，剔除失去保存价值的科技档案，降低了科技档案的冗余度，并检查了科技档案中不完整、不准确的问题，便于采取措施补救，从而提高馆藏科技档案的完整、准确程度。

目的二：提高管理工作水平。首先，鉴定将有保存价值的科技档案区分了主次，可以有重点地管理好重要的科技档案。而且一旦发生自然灾害，也可以有目标地首先抢救重要的科技档案，使其避免遭受损失。其次，可以锻炼和提高科技档案人员的识别能力、技术水平和管理水平。鉴定工作要求了解熟悉档案内容、档案的形成过程、与档案相关的科技专业知识；要求了解熟悉科技档案管理知识；要求掌握本单位全面情况；要求了解熟悉科技发展方针政策和科技档案管理的有关规定，从而提高科技档案管理工作水平。再次，可以发现收集、整理、保管和上次鉴定工作中的问题，从而检查和促进科技档案业务管理各环节工作，改善管理，提高管理工作水平。通过鉴定可以发现收集科技档案的完整、准确状况；可以发现管理上有无漏洞；科技档案的分类、组卷、排序、编目等是否科学；上次鉴定工作有无疏漏、量刑是否准确等。便于采取相应措施改进各环节的工作，从而提高整个科技档案业务管理水平。

目的三：可以更有效地开发科技档案信息资源。科技档案经过鉴定，一方面实现了"精炼"，便于查找；另一方面科技档案人员通过鉴定工作，熟悉了档案内容，提高了调卷效率和质量。

目的四：减轻负担，节约开支。通过鉴定，剔除了失去保存价值的科技档案，可以减轻库房、设备、装具及人力等负担，从而节约开支。

目的五：为科技档案的计算机管理、缩微和数字化创造条件。目前，计算机存贮档案遇到的主要问题之一是前期准备工作，即著录、标引工作量相当大，随着文件的规范化、标准化，这项工作会变得容易些。鉴定工作既降低了冗余度，又区分了重点，这样既可以减少工作量，又可以分期分批实现计算机存储管理。科技档案缩微和数字化加工工作量大、成本高，要符合经济原则，就必须区分重点，降低冗余度。可见，通过科技档案鉴定工作，为实现计算机管理、缩微及数字化创造了条件。

（三）鉴定工作的基本要求

科技档案鉴定工作直接关系到科技档案的存毁命运，是一项专业性、技术性很强的工作，科技档案部门必须严肃对待，并遵循下列要求。

第一，科技档案鉴定工作必须遵守国家有关原则、标准及规定。各专业主管机关要根据国务院批准颁发的《科学技术档案工作条例》的原则，制定本专业系统的科技档案价值鉴定的原则、标准和保管期限表；各基层单位科技档案管理机构应根据本专业系统制定的科技档案鉴定的原则、标准和保管期限表，制定本单位的原则、标准和保管期限表，作为科技档案鉴定的依据；建立科技档案鉴定工作的专门组织，即鉴定小组或鉴定委员会；严格执行科技档案报废销毁的审批手续。

第二，科技档案鉴定工作要坚持全面的、历史的和发展的观点。①全面的观点。要多角度、全面地分析研究科技档案的使用价值，不仅要考虑科技档案对本单位有用，还应考虑到对其他单位，对整个社会科技文化事业有用；不仅要考虑科技档案的现实使用价值，还应考虑其历史使用价值；不仅要考虑科技档案的科学技术价值，还要考虑其艺术价值、教育价值等。②历史的观点。科技档案是科研、生产、建设等活动全过程的真实的历史记录，它反映并记载了一定历史时期的科技水平，特别是各个历史时期有代表性的科学技术发明、产品、技术、建设项目等。不仅要看到其现实价值，还应看到其历史的、政治的或科研的价值，要保持其历史的连续性。③发展的观点。发展的观点即不仅要考虑科技档案现实的作用，还要考虑到将来的作用，特别是中断项目科技档案价值鉴定时，更应慎重。

第三，科技档案鉴定工作要坚持走群众路线。科技档案鉴定工作专业性和技术性都很强，单纯依靠档案人员是做不好这一项工作的。必须走群众路线，充分发挥科技领导干部、各有关专业的技术骨干和科技档案人员的集体作用，有领导、有计划、有步骤地进行，才能保证鉴定工作质量。

第四，科技档案鉴定工作应该采用直接鉴定的工作方法。直接鉴定的工作方法要求鉴定人员直接翻阅科技档案内容，逐卷逐份地对档案材料进行审查和评定其价值，而不能只凭科技档案的目录或案卷题名等来确定其保存价值。

第五，科技档案价值鉴定应分层次逐步深入。第一步，以"套"为单位准确判定整套科技档案总的保存价值。由于同一套科技档案总是集中反映某一单项科技知识的，但其中的每份科技档案阐述和反映一项科技知识的角度不同，其保存价值也就不完全一致。在绝大多数情况下，具体一份科技档案的保存价值总是小于等于整套科技档案总的保存价值。第二步，判定每一份科技档案的保存价值。科技档案在记述一项科技知识中，所处的地位、作用有主次之分，保存价值不完全一致，必须逐份地加以鉴别。

由此可见，鉴别科技档案保存价值，必须按照"从宏观到微观""从总体到具体"的原则，分层次、有秩序地逐步深入进行，这是由科技档案成套性强的特征所决定的。

六、科技档案的管理工作

科技档案管理工作就是按照一定的原则和方法，对科技档案进行系统整理和科学编目，实现科技档案系统化，并揭示科技档案内容和成分的一项业务工作。科技档案管理工作是科技档案管理基本业务建设的核心和中心环节，其工作内容主要包括两个方面，即系统整理和科学编目。

系统整理就是将科技档案分门别类，并使之条理化、系统化，从而反映科技档案的形成规律、保持科技档案内在有机联系的工作。其具体内容主要包括分类、组卷、排列等工作。在实际工作中，有时因涉及的科技档案范围不同，系统管理工作可分为全面整理、局部整理和零散文件整理三种类型。

科学编目就是以一定形式正确地固定科技档案系统整理的成果，并具体揭示出科技档案的内容和形式特征，保持科技档案内在有机联系的工作。其具体内容主要包括案卷编目、编制案卷总目录和分类目录等工作。

在实际工作中，系统整理和科学编目通常简称"整编"，二者相辅相成，融为一个整体。如果只对科技档案系统整理而不进行编目或编目不科学，那么在科技档案管理工作遇到档案移出移进时就容易引起混乱，也无法很好地开展档案利用工作；若不经过系统整理或系统整理方法不正确，对杂乱的科技档案也无法科学编目，进而给查找利用科技档案带来不便。

科技档案管理工作从广义上讲，包括归档前科技文件和零散文件的立卷整理与编目工作、归档后科技档案案卷的整理和编目工作。本章主要从狭义上分析和介绍归档后科技档案案卷的系统整理和编目工作。

（一）科技档案管理的意义

第一，科技档案管理工作是一个承上启下的环节。科技档案管理工作上承收集工作，下连保管、利用等工作。收集进馆（室）的科技档案经过系统整理，可以发现收集工作中存在的不足，检验收集档案的完整程度及准确性等。从而有针对性地认真分析、研究，提出改进意见，不断完善收集工作，提高收集、归档质量。

第二，科技档案管理工作是科技档案业务建设的中心环节。科技档案管理工作的基础是收集的科技档案，但通过收集工作得到的科技档案其条理化和系统性还远不能达到科技档案管理和利用的要求，只有经系统整理和科学编目工作，实现科技档案实体和信息的系统化，才能为科技档案定位排架提供保证，为科技档案价值的正确鉴别和判定奠定基础，为科技档案的统计工作提供便利。

第三，科技档案管理工作是科技档案发挥作用的前提条件。科技档案是否经过整理及整理得是否科学，都将直接影响科技档案的作用发挥。科学整理的科技档案能够保持其内在有机联系，揭示其内容和成分，易于科技档案人员和利用者了解熟悉，从而便于准确、快速地提供利用，实现科技档案作用发挥，达到科技档案工作的目的。

（二）科技档案管理的基本原则

科技档案管理工作只有按照一定原则进行才能保证其科学性，达到其工作的目的。一一般地讲，在科技档案管理工作中应遵循的基本原则为遵循科技档案的自然形成规律，保持科技档案文件之间的有机联系，充分利用原有基础，便于科技档案的科学保管和有效利用。这一原则包含了三个方面的含义并对科技档案管理工作提出了具体要求。

首先，科技档案的管理要遵循科技档案形成规律，保持材料间有机联系。科技档案是科技、生产活动的产物。科技、生产活动有其自身的客观运动规律、特点及一定的科学程序。因此，记录和反映科技、生产活动的科技档案也就必然要反映出这种规律、特点和程序，并构成一个独立的有机整体。科技档案管理工作就是要保持这个自然形成的有机整体的完整，并且要依据和反映这个整体形成的科学程序，维护这个整体内部所固有的秩序，自然地进行分类和排列，以保持科技档案文件间的有机联系，反对任何人为地、主观地将一个自然形成的成套科技档案分割开来的做法。

根据这一原则精神，就要求在科技档案管理工作中应做到维护科技档案的成套性，使一独立科技活动项目的科技档案完整地集中在一起，不得随意分割开来；保证科技档案与科技活动的一致性，体现科技档案文件与科技活动秩序的同步性特征，实现科技档案真实记录和反映科技活动的客观实际。

其次，科技档案的管理要充分利用原有基础。科技档案是通过归档、收集工作由科技文件转化而来的。科技档案整理对象总是表现为一定的科技档案文件或科技档案案卷。而这些文件或案卷在其形成时或组卷整理时均有其形成基础或整理成果，有不同特点。因此，科技档案管理工作中，在遵循科技档案自然形成规律、保持科技档案文件间有机联系的前提下，应充分考虑科技档案文件形成特点和科技档案案卷原来状况，尊重档案文件形成基础和前人对科技档案整理的成果基础。只有这样，才能不断推进和提高科技档案整理质量，进而提高科技档案业务建设水平。

最后，科技档案的管理要便于科学保管和有效利用。科技档案由于制成材料的多样性及内容密级、保管期限的差异性，对保管条件、放置方式、排列方法等有不同要求。因此，在科技档案整理时，应注意这些特殊性，采取相应整理方法，以便于科技档案长久、安全保管。另一方面，由于科技档案专业性较强及各单位、各时期对科技档案利用需求有不同特点，因此，在科技档案整理时，应结合不同门类科技档案的特征及本单位利用需求状况来整理科技档案，只有这样才能快速、准确地提供利用，充分发挥科技档案的作用。

（三）科技档案管理方法

1. 柜架排列管理

柜架是库房内存放档案的设备装具。排列柜架应遵守以下要求：

（1）各种柜架应分类集中；

（2）柜架应避免直接靠墙，装具端部与墙之间走道净宽不小于60厘米，装具背面与墙的间隔不小于8厘米。目的是防潮和防冷热传导，便于检查，有利于保管工作；

（3）应与窗户垂直排列，以利于通风和避光；

（4）柜架之间的通道应保持在0.9~1.2米的宽度，通道形式应采取迂回式，便于管理、通行、取放、检查；

（5）柜架排列整齐后，要从进门开始，从左至右依次给档案柜架编顺序号；

（6）每层柜架的搁板或抽展都应注明存放科技档案的类别和档号的范围，使管理人员围绕柜架自由通行，便于档案存取，以及在突发情况下抢救和转移档案。

2. 库位管理

科技档案库房中供存放科技档案的空间位置称为库位。库位管理就是根据科技档案分类排列和排架的要求，对库房进行合理的房间划分和保管区段划分，对不同类别的科技档案进行定位管理。

库位管理的具体方法是，按类（可以是一级类或二级类，也可以是最低层次）划分保管区段，并根据档案增长情况预留空位。库位一经确定，不宜轻易变动，要保持一定时期的稳定性。为了方便管理和查找，可编制库位索引或绘制库位平面图作为库位管理的指南。

库位索引：用于准确指出各类科技档案的存放位置，可以是表册或大图表，包括库位号（由房间号、柜架号、档搁号构成）、科技档案类别、科技档案号、科技档案名称等项内容。

库位平面图：以大小不等的矩形表示库房内各种保管设备（柜架），将各类科技档案和方位绘在示意图上，并在各方格中标出各自的代号。

3. 档案排架管理

科技档案的排架就是将整理好的科技档案以案卷为单位，按照一定的顺序放置到档案柜架上进行保管的工作。其基本要求是充分利用和维护管理工作成果，保持科技档案之间的有机联系，便于查找及提供利用，适当区别保管期限；在顺序上应坚持自上而下、从左到右；饱和度适宜。

基本排架方法有两种：分类排列和形式排列。

（1）分类排列

科技档案的分类排列就是指根据科技档案内容的类别特征（即分类号），去排列科技档案的方法。科技档案的分类排列能很好地揭示科技档案的内容特征和联系，充分反映科技档案分类成果，是目前广泛采用的科技档案系统排列方法；但分类排列也不可避免地会造成档案上架排列时出现"倒架"现象，因此在科技档案库房管理中，对于采用分类排列的档案上架时应适当地预留空位，以缓解因新增档案带来的频繁"倒架"现象。

对科技档案进行分类排列时，应注意科技档案实体的类别排列秩序应与分类方案类目体系中类目的秩序相一致；具体类别内科技档案的排列标准应保持一致；成套的科技档案应集中在一起排列；不同载体类型的科技档案通常应分别排列等。

科技档案分类排列法在实际应用时，通常是以科技档案的分类号为基础，结合科技档案的其他特征或联系进行排列，主要有分类号—年度、分类号—问题、分类号—地域等具体做法。

（2）形式排列

科技档案的形式排列是指按照科技档案形式上的各种特征去排列科技档案的方法。科技档案的形式排列不能揭示科技档案内容特点和联系，容易分割成套的科技档案，很难实现科技档案的科学管理和成套提供利用。

采用形式排列时，相应地必须编纂配套分类目录，以科技档案目录的分类来代替科技档案实体的分类，以目录的成套性代替实体的成套性进行管理。科技档案形式排列无法反映科技档案分类工作成果，故只在特别单位或特定条件下使用。有的单位科技档案门类单一、数量极少，也可采用流水排列或分类流水排列等。

4. 出入库管理

库藏科技档案经常处于流动和变化状态，若管理不善，容易造成档案丢失、错位等问题。因此，应随时掌握科技档案的出入库情况和库藏量、借出量、阅卷量、移出量、封存量、销毁量等情况。特别应加强出入库的管理工作，在接受入库时要认真检查验收，进行去污、消毒处理后入库上架。案卷调出时，要在代卷卡（案卷代理卡）上进行登记并将代卷卡放在借出档案的库位上或卡片柜中；案卷返库时注销代卷卡将其放入卷中，并将案卷及时放回原库位，保持账、物、卡、位的一致。这是保持科技档案库藏秩序的重要措施。

七、科技档案的效用

（一）科技档案的经济效益

简单地说，经济效益就是有效产出与其投入之间的一种比例关系。通常经济效益的高低与投入或劳动消耗成反比例。要提高经济效益，在产出不变的情况下，必须不断降低劳动消耗；或投入不变，增加产出；或投入少量增加，产出大大增加。

科技档案所创经济效益是指针对本单位及社会有关方面的需求，通过信息加工、报道交流、技术转让、技术咨询及日常提供利用等方式，将科技档案中蕴藏的科技信息发掘出来，应用于经济建设中所创造出来的经济效益。具体表现在以下几方面。

第一，管好、用好科技档案，可以降低或节约活劳动消耗和物化劳动消耗，提高经济效益。①复用科技档案，节约劳动支付，取得经济效益，如设计工作中复用成图。②发挥科技档案的依据、凭证作用，取得经济效益，如土地使用权、专利权、知识产权纠纷等。③进行科技交流、技术转让，避免重复劳动，取得经济效益。④开发新产品，利用原有产品档案，节省产品开发费用和时间，取得经济效益。⑤中断项目继续进行、产品恢复生产时，利用原有科技档案，节约劳动支付，取得经济效益。⑥利用科技档案，可以节约原材料或能源、使设备维修提前完成、工程提前竣工、增加产量、提高质量、扩大销售等，从而带来经济效益。

第二，管好、用好科技档案，发展内涵扩大再生产，取得经济效益。扩大再生产有两种类型，一种是外延扩大再生产，通过建立新的企业或扩大原有企业、工厂规模实现生产能力的提高；一种是内涵扩大再生产，通过挖潜、革新、改造等来提高生产效率，从而提高生产能力。企业要想实现以挖潜、革新、改造为内容的扩大再生产，就必须管好用好科技档案。

第三，科技档案可以为社会创造价值，增加财富。利用科技档案，加速新产品开发、增加品种、提高产品质量和数量、为企业带来经济效益的同时，也为社会增加财富。

（二）科技档案的社会效用

管好、用好科技档案不仅能为社会创造价值，增加财富，而且可以取得明显的社会效益。例如，科技档案作为依据、凭证，有利于防止和解决有关的纠纷，维护社会安定团结，有利于国际国内政治、军事、经济斗争的胜利，维护国家和人民的正当利益；气象档案可为工农业生产和人民生活服务；医疗科技档案可使大面积流行疫病得到及时防治；及时、准确的地震预报可挽救人们的生命；公安科技档案可帮助我们打击犯罪、维护治安；军事科技档案有助于国家防御侵略、扩张行为，维护世界和平；科技档案还有利于企业内部职工培训等。

（三）科技档案的技术效用

科技档案作为科技活动的历史记录，真实完整地记载了人们认识自然、改造自然的思想、过程、成果、经验和教训，是科技工作者劳动的结晶，因此，科技档案是珍贵的科学技术资源，是国家和单位的无形资产，它既是劳动者继承、汲取科技理论知识和技艺知识的重要来源，又是制造、改进劳动工具的依据。科技档案具有较强的技术效用，是一种知识形态的生产力，利用科技档案可以提高科技水平，节约劳动消耗，带来良好的经济效益和社会效益。

科技档案的技术效用是指科技档案作为一种技术资源，运用于科技、生产活动中所起的效力和作用。具体表现在以下几个方面。

第一，科技档案是积累科技经验、储备科技资源的重要载体之一。科技档案是人类科技活动过程、思想、成果及经验教训的直接记载和存在形式，它包含了丰富的科技知识。在各类型的科技文献中，唯一直接记录和储备原生信息的只有科技档案。这一特点赋予了科技档案在人类科技发展历史过程中的一种特殊作用：积累科技经验，储备科技资源。因此，一个国家、一个企业拥有的科技档案种类越多、数量越大、质量越高，它的科技资源储备就越雄厚，科技、生产活动的发展就越顺利。

第二，科技档案是科技管理的重要依据。管理的主要职能有计划、决策、组织、人员配备、领导、控制、创新等。对科技、生产活动要实施有效管理，在计划、决策、控制、创新等环节都离不开科技档案。

第三，科技档案是从事科技、生产活动的重要条件和依据。科技档案是产品定型的依据；是产品再生产和恢复生产的依据；是设备仪器安装、使用、维修的依据；是基本建设施工及工程使用、维护、管理和城市建设的依据；是科技成果申报、鉴定、评奖及推广应用的依据；是油田、矿藏资源开采的依据等。由此可见，科技档案是科技、生产活动和科技管理活动有序、高效进行的依据。

第四，科技档案是科研工作和设计工作的必要条件。科研和设计工作最大的特点是具有继承性和连续性，都需要吸取和借鉴已有的成果，必须占有过去大量的充分可靠的材料。而前人的科技思想、科技经验、科技成果等大量存在于科技档案中。因此，科技档案是科研和设计不可缺少的依据和参考材料，是科研工作和收集工作的必要条件。

第五，科技档案是传递和交流科技信息的重要工具和载体。科技档案所包含的信息，不仅对本单位有用，而且对其他单位也有用，不仅有重要的现实作用，并且有长远的历史查考价值。科技档案工作正是为了这种信息交流而建立的服务性工作，科技档案存在的意义之一就在于存储和交流科技信息。

科技信息交流是促进科技发展的重要手段，在人类历史上历来占有重要位置。在今天，如果没有合理的科技交流，在各个地方、各个单位将会重复别人已有成果的发明和研究。

科技越发展，难度越大，渗透性越强，相邻领域或专业之间的相互交叉、相互推动、相互影响、共同发展的趋势日益明显，客观上要求进行广泛的科技协作和及时的科技信息传递、交流，这要求科技档案更好地发挥传递交流科技信息、进行科技协作的作用。这也是科技档案部门的一个重要任务。特别是我国入世以后，我们面临着大量的国际交流与合作，在国内外企业之间、单位之间进行的技术转让、咨询、合作，一般都是通过科技档案的复制件实现的。可见作为情报源和资料源的科技档案所发挥的传递与交流作用越来越重要。

八、科技档案的开发利用

科技档案信息开发利用工作是一项政策性、专业性很强的工作，必须有领导、有组织、有计划地进行，加强科学管理、减少盲目性、增强自觉性。各专业系统、各基层单位及各科技专业档案馆应结合自身特点，有组织、有计划、有步骤地开展科技档案信息开发利用工作。

（一）开发利用工作的重点

就地区而言，开发利用工作重点应放在大中城市。大中城市是一个地区的政治、经济、文化中心和交通枢纽，工农业生产基础雄厚，科技人才比较集中，科技档案信息资源丰富，不仅在开发、传递、引进、吸收、消化科技档案信息方面具有开发的潜在优势，而且在开发成果的应用、推广上还具有辐射功能。

就单位而言，开发利用工作重点应放在大中型企业、地市级科研设计院（所）、重点理工农医大专院校。这些单位不仅具有充分发挥其科技档案信息资源丰富、人才聚集的优势，而且开发成果能迅速、及时被利用转化为现实生产力，产生经济效益和社会效益。

就科技档案种类而言，开发利用工作重点应由本单位具体实际决定。一般地讲，大中型企业要以开发利用产品档案、经营管理档案、设备仪器档案为重点；理工农医大专院校应以开发利用科研档案和教学档案为重点；科研院（所）要以开发利用科研档案、设备仪器档案为重点；设计院（所）应以开发利用工程设计档案为重点等。总之，各单位应结合自身实际，扬长避短，各尽其能。

就项目而言，开发利用工作应以科技生产活动急需又能实现效益的项目为重点。科技档案信息开发利用工作应当围绕中心工作和任务来开展，落实到具体工作上，应紧紧抓住科技生产活动急切的科技档案信息利用需求，确定自己的开发利用项目，只有这样，才能保证开发利用工作与用户需求一致，并产生最佳效益。

这里强调重点，并不意味着其他非重点可以不抓。目的在于集中优势力量，急客观需要之所需，尽快获取效益。总之，应从实际出发，抓住重点、兼顾一般，立足急需，顾及长远，注重实效。

（二）开发利用工作的组织方式

第一，独立开发利用。独立开发利用是指在一些大型企业、科研设计院（所）、大专院校及专业档案馆，其科技档案信息资源丰富，科技人才密集，科技档案部门力量较强，经费也比较充足，完全可以独立进行开发利用工作。

第二，联合开发利用。联合开发利用是指以科技档案部门为主，组织本单位有关部门的科技人员联合进行开发利用工作，充分发挥科技人员的科技特长，弥补科技档案部门科技力量薄弱的不足，共同完成科技档案信息开发与利用工作。联合开发利用是目前比较普遍的工作方法。

第三，合作开发利用。合作开发利用是指本单位科技档案信息资源不够丰富或科技力量不够雄厚时，可由本单位科技档案部门牵头，出面组织外单位科技档案部门或科技部门人员采取共同合作形式，进行科技档案信息开发工作，实现科技档案信息资源共享，推进开发利用工作向更广阔领域发展。

第四，参与开发利用。参与开发利用是指在科技档案部门科技力量较薄弱时，也可充分依靠科技部门力量，由科技人员进行科技档案的信息资源开发，科技档案部门负责组织协调并进行常规的科技档案开发利用工作。

（三）开发利用工作需注意的问题

第一，科技档案的开发利用要加强计划管理与目标管理。实行计划管理是促进开发利用工作协调发展的重要措施。就一个单位而言，应在调查研究基础上，掌握用户需求及库藏实力，然后制订开发利用工作计划，并报有关主管部门以便协调、监督和检查及指导。实行目标管理就是将列入计划的开发利用工作项目与内容落到实处，由具体部门或人员负责，明确责、权、利，便于检查与考核，并保证计划的严肃性。

第二，科技档案的开发利用要强化人员管理。科技档案信息开发利用工作人员的素质直接影响开发利用工作质量。因此，加强人员管理极为重要。一方面，参与开发利用工作的人员在思想上要明确开发利用工作的重要意义与作用，要有较强的责任感和紧迫感。另一方面，要加强业务培训，有组织、有计划地进行工作人员的业务进修学习，不断提高开发利用工作人员的科学文化知识、专业知识和业务技能等。

第三，科技档案的开发利用要强化财务管理。科技档案信息开发利用工作已由完全无偿服务转变到了有偿服务与无偿服务并存的局面。但在具体服务工作中，应强化以下管理工作内容：①严格有偿服务范围的管理。科技档案信息开发利用工作实行有偿服务，并不是对任何用户利用任何科技档案均要收费，而应当内外有别，针对不同情况区别对待，不能随意扩大范围。这方面国家有明确规定。②加强收费标准与方法的管理。科技档案信息开发利用工作中属于有偿服务范围的，应当收取一定费用，但收费标准与方法应按国家有关规定及与用户之间的协议、合同等进行，应防止随意提高收费标准和多头重复收费的方法。③严格费用管理。科技档案信息开发利用工作所获取的费用应从严管理。企业科技档案信息开发利用工作的净收入，可视为技术转让收入，按国家和行业规定办理；事业单位科技档案信息开发利用工作的净收入，应纳入单位预算管理。但按规定应留给科技档案部门的收入，其主要部分应用以改善本单位科技档案信息现代化管理条件，弥补科技档案事业经费的不足。

第六章

现代特殊载体档案管理实践

第一节　照片档案的管理

一、照片档案的定义

照片档案是指国家机构、社会组织或个人在社会活动中直接形成的以静止摄影影像为主要反映方式的有保存价值的历史记录。照片档案一般包括底片、照片和说明三部分。照片档案的管理应遵循《照片档案管理规范》（GB/T11821-2002）的规定。

二、照片档案的收集

（一）收集范围

第一，记录本单位主要职能活动和重要工作成果的照片，包括领导人和著名人物参加与本单位、本地区有关的重大公务活动的照片；本单位组织或参加的重要外事活动的照片；记录本单位、本地区重大事件、重大事故、重大自然灾害及其他异常情况和现象的照片。

第二，记录本地区地理概貌、城乡建设、重点工程、名胜古迹、自然风光以及民间风俗和著名人物的照片。

第三，其他具有保存价值的照片。

（二）收集要求

第一，对属于收集与归档范围的照片，应按照规定定期向本单位档案机构或档案工作人员归档，集中管理，任何单位或个人不得据为己有。

第二，对存有真伪疑义的照片应采取必要措施进行鉴定。

第三，对反映同一内容的若干张照片，应选择其主要照片归档。主要照片应具备主题鲜明、影像清晰、画面完整、未加修饰剪裁等特点。

第四，底片、照片、说明应齐全。

第五，底片与照片影像应一致。

第六，对无底片的照片应制作翻拍底片；对无照片的底片应制作照片。

第七，照片档案的移交和征集应符合有关标准的要求。

(三) 收集时间

第一，对具有归档价值的照片，其摄影者或承办单位应及时整理，向档案室归档，一般不应跨年度。

第二，依照《中华人民共和国档案法实施办法》的规定，照片档案随立档单位其他载体形态的档案一起向有关档案馆移交。在特殊情况下，经同级档案行政管理部门同意可以提前或延迟移交。

第三，档案馆应按收集范围随时征集零散的、对国家和社会具有保存价值的照片。

三、照片档案的整理

照片档案的整理应遵循有利于保持照片档案的有机联系、有利于保管、有利于提供利用的原则。照片档案的底片与照片应分开存放。

(一) 底片的整理

1. 编底片号

底片号是固定和反映底片在全宗内排列顺序的一组字符代码，由全宗号、保管期限代码、张号组成。其格式是：全宗号—保管期限代码—张号。

全宗号是档案馆给立档单位编制的代号。保管期限代码分别用"1、2、3"或"Y、C、D"对应代表永久、长期、短期。张号是在某一全宗、某一保管期限内底片的排列从"1"开始的顺序编号。

2. 登录底片号、标注底片袋

这个宜使用铁笔将底片号横排刻写在胶片乳剂面片边处（刻写不下时，前段可不写），不得影响画面；也可采用其他方式将底片号附着在胶片乳剂面片边处，不得污染胶片。底片号登录顺序应与照片号登录顺序保持一致。

底片放入底片袋内保管，一张一袋。应在底片袋的右上方标明底片号。对于翻拍底片，应在底片袋的左上方标明"F"字样。对于拷贝底片，应在底片袋的左上方标明"K"字样。

3. 底片入册

底片册一般由 297 毫米×210 毫米大小的若干芯页和封面、封底组成。应按底片号顺序将底片袋依次插入底片册。芯页的插袋上应标明相同的底片号。对幅面超过底片册芯页尺寸的大幅底片，应在乳剂面垫衬柔软的中性偏碱性纸张后，放入专用的档案袋或档案盒中，按底片号顺序排列。

4. 册内备考表

册内备考表项目包括本册情况说明、立册人、检查人、立册时间。册内备考表应放在册内最后位置。

本册情况说明应填写册内底片缺损、补充、移出、销毁等情况。对底片册立册以后发生或发现的问题，应由有关的档案管理人员填写说明，并签名、标注时间。

5. 封面、册脊和排列

底片册的封面应印制"底片册"字样。底片册册脊的项目包括全宗号、保管期限、起止张号和册号。底片册按照全宗号、保管期限、册号的顺序排列，上架保存。

（二）照片的整理

1. 分类

照片档案应在全宗内按保管期限—年度—问题进行分类。跨年度且不可分的照片，也可按保管期限—问题—年度进行分类。分类方案应保持前后一致，不应随意变动。在分类方案的最低一级类目内，按问题结合时间、重要程度等进行排列。为便于提供利用，照片排列及入册时应同时考虑不同保密等级照片的定位。

2. 入册

照片号是固定和反映每张照片在全宗内分类与排列顺序的一组字符代码，由全宗号、保管期限代码、册号、张号或全宗号、保管期限代码、张号组成。

格式一：全宗号—保管期限代码—册号—张号

格式二：全宗号—保管期限代码—张号

照片册一般由 297 毫米×210 毫米大小的若干芯页和封面、封底组成。芯页以 30 页左右为宜，有活页式和定页式两种。应按照分类、排列顺序（即照片号顺序）将照片固定在芯页上，组成照片册。

对于照片册放置不下的大幅照片，可将其放入专用的档案袋或档案盒中，按照照片号顺序排列。

3. 填写照片说明

说明应用横写格式，分段书写。其格式及其内容如下：

题名，应简明概括、准确反映照片的基本内容、人物、时间、地点、事由等要素。

照片号，编号方法见前。底片号若采用照片、底片合一编号法，可不填写底片号。

参见号，指与本张照片有密切联系的其他载体档案的档号。如参见文书档案 0113-2-18 或科技档案 G-J-21。照片档案由档案室移交至档案馆后，应对其参见号进行核对，对与实况不符的应及时调整。

时间，照片的拍摄时间用八位阿拉伯数字表示，如 2015 年 2 月 18 日写作 20150218。

摄影者，一般填写个人，必要时可加写单位。

文字说明，应综合运用事由、时间、地点、人物、背景、摄影者等要素，概括提示照片影像所反映的全部信息，或仅对题名未及内容作出补充。其他需要说明的事项亦可在此栏表述，例如，照片归属权不属于本单位的，应注明照片版权、来源等。

密级，应按《文献保密等级代码与标识》（GB/T 7156-2003）所规定的字符在照片周围选一固定空白处标明，使用印章亦可。

此外，单张照片的说明可根据照片固定的位置，在照片的右侧、左侧或正下方书写。对大幅照片的说明可另纸书写，与照片一同保存。一组（若干张）联系密切的照片按顺序排列后，可拟写组合照片说明。采用组合照片说明的照片，其单张照片说明可以从简。

4. 编制照片档案目录

照片档案基本目录的必备项目是照片号、题名、时间、摄影者、底片号、备注，可根据需要增加项目。基本目录的条目应按照照片号排序。

册内照片目录为选择性目录。其组成项目是照片号、题名、时间、页号、底片号、备注。册内目录的条目应按照片号排序。册内目录位于册内最前面。

四、照片档案的保管

第一，底片袋、底片册、照片册使用材料。底片袋应使用表面略微粗糙和无光泽的中性偏碱性纸制材料制作，使用中性胶黏剂，接缝应在袋边。底片册、照片册所用封面、封底、芯页均应采用中性偏碱性纸质材料制作。

第二，底片、照片保存装具要求。底片、照片应在能关闭的装具中保存，如存储柜、抽屉、有门的书架或文件架等。贮存柜架应采用不可燃、耐腐蚀的材料，避免使用木制及类似材料。木制材料易燃烧、易腐蚀，还可能挥发出某些有害气体，促使底片、照片老化或褪色。贮存柜架的喷涂用料应稳定耐用，且对贮存的底片、照片无有害影响。对贮存柜架进行排列时，应保证空气能在其内部循环流通。

第三，底片、照片保存环境要求。①底片、照片应恒温、恒湿保存。长期贮存环境，24 小时内温度的周期变化不应大于±2℃，相对湿度变化不应大于±5%。中期贮存环境，

24小时内温度的周期变化不应大于±5℃，相对湿度变化不应大于±10%。所推荐的温度、湿度条件，应在各单独的贮存器具内或整个贮存室内加以保证。底片、照片贮存的温度、湿度与提供利用房的温度、湿度若存在较大差别，应设缓冲间，在其提供利用前应在缓冲间过渡几小时。②进入贮存室或贮存柜的空气应首先经过机械过滤器过滤，以免空气中的固体颗粒擦伤胶片或与胶片起反应。③库房条件和防火、防潮、防日光及紫外线照射、防污染、防有害生物、防震、防盗等要求应符合国家有关规定。

第四，保管要求和措施。①贮存库房应保持整齐、清洁，应有严格的使用和存放规则。照片档案入库前应进行检查。对受污染的照片、底片应进行必要的技术处理，防止受污染的照片、底片入库。接触底片的人员应戴洁净的棉薄手套，轻拿底片的边缘。片册、照片册应立放，不应堆积平放，以免堆在下面的底片、照片受压后造成粘连。②底片应根据实际情况及时处理。珍贵的、重要的、使用频率高的底片应进行拷贝，异地保存。拷贝片可提供使用，以便更好地保存母片。每隔两年应对底片、照片进行一次抽样检查，不超过五年进行一次全面检查。若温度、湿度出现严重波动，应缩短检查的间隔期。检查中应密切注意底片、照片的变化情况（卷曲、变形、变脆、粘连、破损、霉斑、褪色等），亦应注意包装材料的变质问题，并做好检查记录。若发现问题，应查明原因，及时采取补救措施。

五、数码照片的管理

根据国家档案局发布并于2015年8月起实施的最新标准《数码照片归档与管理规范》，数码照片档案是指机关、团体、企事业单位和其他组织在处理公务过程中形成的对国家和社会具有保存价值并归档保存的数码照片。

（一）数码照片的归档

1. 归档时间

数码照片在拍摄完成后，应及时整理和归档，最迟在第二年6月底前完成归档。

2. 归档要求

归档的数码照片应是用数字成像设备直接拍摄形成的原始图像文件，不能对数码照片的内容和EXIF信息进行修改和处理。

对反映同一内容的若干张数码照片，应选择其中具有代表性和典型性的数码照片归档，所选数码照片应能反映该项活动的全貌，且主题鲜明、影像清晰、完整。反映同一场景的数码照片一般只归档一张。

归档的数码照片应为JPEG、TIFF或RAW格式，推荐采用JPEG格式。归档的数码照片应附加文字说明。文字说明应综合运用事由、时间、地点、人物、背景、摄影者等要素，概括揭示该张数码照片所反映的主要内容。

数码照片可通过存储到符合要求的脱机载体上进行离线归档，也可通过网络进行在线归档。

归档时，应参照《电子档案归档与管理规范》对数码照片进行真实、完整、可用和安全方面的鉴定、检测。

3. 保管期限

数码照片档案的保管期限分为永久和定期，其中定期又分为 30 年和 10 年。

（二）数码照片的整理和著录

第一，分类和排列。同一全宗内的数码照片档案按保管期限—年度—照片组分类。同一照片组内的数码照片档案按形成时间排列。

第二，命名。整理过程中，应对数码照片文件进行重命名。数码照片文件采用"保管期限代码—年度—照片组号—张号．扩展名"的格式命名。

第三，保管期限代码。保管期限代码分别用"YJ""30""10"代表永久、30 年、10 年。

第四，年度。年度应为四位阿拉伯数字。

第五，照片组号。照片组号应为四位阿拉伯数字，同一年度内的照片组从"0001"开始按顺序编号。

第六，张号。张号应为四位阿拉伯数字，同一照片组内的数码照片从"0001"开始按顺序编号。如 2009 年某单位拍摄的一组××工作会议的数码照片为本年度第一组照片，保管期限为永久，存储格式为 JPEG，则该组第一张照片的文件名应为"YJ—2009—0001—0001．jpg"。

数码照片档案应至少包括以下著录项目：全宗号、保管期限、年度、部门、照片组号、张号、参见号、摄影者、时间、组题名、文字说明、文件格式、开放状态。

（三）数码照片的存储和保管

1. 数码照片的存储结构

数码照片档案可采用建立层级文件夹的形式进行存储。一般应在计算机硬盘非系统分区建立"数码照片档案"总文件夹，在总文件夹下依次按不同保管期限、年度和照片组建立层级文件夹，并以保管期限代码、年度和照片组号命名层级文件夹。

2. 数码照片的存储载体

数码照片档案应存储在耐久性好的载体上，推荐采用硬磁盘、磁带和一次写入型光盘作为数码照片档案长期保存的存储载体。

数码照片档案应存储为一式三套，一套封存保管，一套供查阅利用，一套异地保存。存储数码照片档案的载体应有专门的装具，且应在载体装具上粘贴标签，标签上注明载体套别（封存保管、查阅利用、异地保存）、载体序号、保管期限、起始年度、终止年度和存入日期等。

3. 数码照片的保管

在线存储的数码照片档案的保管条件应符合《计算机场地通用规范》（GB/T2887-2011）的要求。离线存储在磁性载体上的数码照片档案的保管应符合《磁性载体档案管理与保护规范》（DA/T15-1995）的要求。离线存储在光盘上的数码照片档案的保管应符合《电子档案归档光盘技术要求和应用规范》（DA/T38-2008）的要求。对存储数码照片档案的磁性载体每满两年、光盘每满四年进行一次抽样机读检验，抽样率不低于10%，如发现问题应及时采取恢复措施。对存储在磁性载体上的数码照片档案应每四年转存一次，原载体同时保留时间不少于四年。

4. 数码照片的利用和鉴定销毁

数码照片档案的利用参照各单位档案利用借阅制度执行，利用时应确保数码照片档案的信息安全。依据国家有关规定，对已到保管期限的数码照片档案开展鉴定、销毁工作。

第二节　音像档案的管理

音像档案是一种特殊的文件材料，即用专门的器械和材料，采用录音、录像的方法，记录声音和图像的一种特殊载体的档案。音像档案分为唱片、录音磁带、录像磁带。

一、音像档案的收集

在音像档案产生较多的单位，如电台、电视台等，记者、编辑应将采访录制的各种素材，经过编辑加工，与有关登记单、审查表一并送交有关领导审定。送审表上应注明节目来源、节目内容、录音地点、原录日期、复制日期、录音效果和时间等。经过审批的录音、录像材料才能归档。

在音像档案不多的单位，还要通过各种方式开展经常性的收集，向有关人员宣传档案工作的基本常识，防止在未经审查与批准的情况下，把反映立档单位基本活动面貌的磁带擅自消磁，造成不可弥补的损失。因此，音像档案也应同其他档案一样，将具有查考价值的材料按归档制度的要求交档案室统一保管。

在接收音像档案时，必须按规定进行验收，首先核对录音和录像带的登记表，检查表中的各项内容是否填写清楚，手续是否完备；其次，根据登记表上的内容听音观看，检查声音是否清楚，画面是否清晰以核对内容。因此，保存录音带、录像带的档案部门应有相应的听音和录放设备。在验收合格后，填写归档清单一式两份，交接双方各留一份备查。

二、音像档案的分类与编目

音像档案在一般机关、单位形成的数量并不多，内容也比较单一，因而没有必要分类。而在形成数量较多的单位，可以按录音带和录像带的具体内容进行分类。通常按政治、经济、文学艺术、科学、教育分为若干类别。如果数量多，还可以再细分。一般按问题（内容、事由）进行分类。分类时，尽可能做到永久性和周转性分开；机密性和一般性分开；不同版本（原版、复制版等）分开；每盒（盘）的外套上要贴有标签，注明内容、主要人物、形成日期、带长（分钟）、编号、型号和保管期限等，并填写目录。

档案馆（室）对需要入库的录音和录像档案应进行必要的登记。一般按照进馆的时间先后登记入册。登记的内容主要包括编号、收到日期、录制日期、内容、责任者、录制单位、录制地点、放送时间、技术状况和数量、备注等。

录音、录像是以盘或盒为保管单位，编号按收集归档时间顺序结合内容分别编流水号。格式为类别代号—顺序号，例如，音—35，表示录音档案第 35 盒。档号编制的目的是固定录音、录像在实体排列中的位置，因此，要标注在两个位置上：一是录音、录像带的标签上；二是外盒的标签上。经整理后的音像档案要分别编制目录，以便于保管和利用。

三、音像档案的保管

接收入库的音像档案应放入特制的盒或套内，在盒、套外面贴上标签，并写上题目、讲话人、录制日期、盘数、编号、带长、时间等项目。在盒内应有固定盘心的定位装置，磁带装入盒后应松紧适度，不应过紧。磁盘盒应有一定的硬度，以防变形。与录音带、录像带有关的文字材料，如录音记录、画面说明等，可单独保管，也可与音像档案一起上架保管。

录音带和录像带均应垂直放置在专用柜内，还要定期检查，一般每隔半年重绕一次，如发现磁带变形、断裂、磁粉脱落等现象，要及时进行清洗和技术处理。在潮湿环境中，磁盘会生霉；温度过高的环境，磁盘易变形。所以，音像档案要保存在干燥阴凉的环境下，避免阳光直射。为避免磁带退磁或磁化，造成信号失落，应远离磁场保存。

录音带和录像带的母带不应提供使用，尽量提供复制子带。归还后的音像档案，档案工作人员应播放检查，确认是否有被消磁或其他损坏现象。

第三节　实物档案的管理

实物档案是机关、团体、企业事业单位和其他组织以及个人在日常工作与活动中形成的具有保存价值的以物质实体为载体的历史记录。实物档案具有直观性和多样性的特点，也具有一定的宣传性、保护性和艺术观赏性。做好实物档案管理工作，推动实物档案管理进一步规范化、科学化十分必要。[①]

一、实物档案管理存在的问题

随着我国经济社会发展，国家对档案也日益重视。《档案法》的颁布和修订也有利于强化档案管理工作，推进档案工作的规范化和标准化。但就实物档案而言，因国家一直没有出台相应的规范标准，加上各地区、各部门、各单位重视程度不够，以致目前实物档案的管理还存在一些问题。

第一，实物档案归档意识不强。很多机关、企事业单位在开展档案工作时，对于实物档案不够重视，严重缺乏实物档案归档意识，实物档案的收集速度和质量远不及其他门类档案。究其原因，一是大部分人不了解实物档案的重要性，甚至还有很多人根本不知道有实物档案的存在，也就缺乏实物档案的归档意识；二是很多单位没有建立相应的监管机制，造成实物档案保管上的疏忽；三是沟通不及时，信息渠道的传递和交流不够通畅，导致实物档案归档不及时，很多具有较高价值的实物档案没有得到及时收集和充分利用，甚至部分实物档案在管理过程中会出现损坏和丢失。

第二，实物档案的作用体现不足。由于实物档案来源广泛，不同属性的实物档案大小、形状不一，且不同类别的实物档案使用频率也不尽相同，因此很多单位往往采取集中管理方式将实物档案集中统一存放，管理的部门也相对较为集中，如档案室、办公室、机要室等。这种管理方式虽方便，但也容易导致很多其他部门人员压根不知道有实物档案的存在，使用和展示实物档案的机会较少，从而造成实物档案的利用率远远低于其他档案的利用率。

第三，实物档案的保管条件不能满足需要。与纸质档案和电子档案相比，实物档案在存放上对空间、容量等要求较高，而很多单位在进行实物档案存储和保管时，常常出现库存空间不符合保管需求的情况，从而造成实物档案全部堆放在一起，难免出现碰撞、损坏的问题，破坏了实物档案的完整性，还可能大大降低实物档案的价值。

第四，实物档案管理方式手段落后。很多单位对实物档案没有进行科学有序的整理，

---

① 王静. 实物档案管理探析 [J]. 黑龙江档案，2022（4）：127-129.

或是简单编号,大部分实物档案还停留在手工登记阶段,保管随意性较大。空间不足时,位置未必按照编号顺序摆放,有时会任意腾挪,对实物档案的编号信息也没有及时进行更新,导致对实物档案查找困难。

二、实物档案管理有效实施的措施

(一) 加强实物档案的收集工作

第一,实物档案的归档范围。实物档案的来源复杂、种类繁多、形式多样,所以应根据实际情况确定实物档案的收集归档范围。一般来讲,主要包括本单位的集体或个人在公务活动中获得的奖杯、奖状、奖牌、奖章、锦旗、荣誉证书等;本单位举办或承办重大活动中形成的凭证性实物,如活动标志、纪念品和宣传品;本单位在公务活动中获赠的各种纪念品;上级领导、知名人士的题词字画等;本单位自形成以来使用过的牌匾、停用的各种印信(印章、徽标等);其他有保存价值的实物。

第二,实物档案的收集途径。从实际来看,实物档案收集包括:①正常收集。主要指由本单位各部门形成或其他单位赠送、转送而来的实物档案。②公民捐赠。主要是指由热心公民将自己所掌握的文史资料等实物无偿捐赠给档案馆。③网络征集。利用互联网建立实物征集信息,并根据广大网的反馈所收集而来的实物。

第三,实物档案的归档要求。一是确定归档部门。单位应将在公务活动中形成、获得或征集到的实物档案收集齐全,保持整洁、无破损,及时移交本档案部门集中统一保存。任何部门和个人不得随意丢弃、损坏、私存或转送他人。二是确定归档时间。实物档案应当随时归档,应归档的实物由于特殊原因确需在有关部门暂时留用的,应先将归档实物移交档案管理部门归档登记后,再办理借用手续。三是鉴定甄别。档案部门在收集实物档案时,应对每一件实物进行鉴定,判断其是否应当归档,对存有真伪疑义的实物应采取必要措施进行鉴定。四是附文字说明。实物档案移交时应附相应的文字说明,说明实物的名称、产生的事由、发放者、数量、领取实物信息等,便于档案部门整理和利用。五是拍照归档。所拍照片纳入本单位照片档案管理,两者之间要建立准确、可靠的标识关系。

(二) 确定实物档案的整理办法

1. 整理原则

整理实物档案时,一是要遵循档案便于保管和利用的原则,二是要遵循外观整齐一致的原则。

2. 整理方法

一是按"件"整理。实物档案以"件"为单位进行整理,独立存在的单个实物为一件；成套的实物以一套计为一件。二是分类。实物档案一般采用"年度—保管期限"进行分类，其中保管期限划分为永久、定期30年、定期10年。同一单位应保持分类的一致性和稳定性。三是排序。按保管期限结合时间进行排列。四是编制档号。档号结构格式为"全宗号—档案门类·年度—保管期限代码—件号"，若要跨年度编号，则为"全宗号—档案门类—保管期限代码—件号"。全宗号为同级国家综合档案馆为立档单位编制的代号；档案门类为"实物"的汉语拼音首字母"SW"标识；年度为实物档案形成年度，以4位阿拉伯数字标注；保管期限代码用Y、D30、D10表示；件号是实物排列的顺序号。档号结构格式中件号用4位阿拉伯数字标识，不足4位的，前面用"0"补足。五是粘贴标签。将归档实物的基本信息制作标签，其内容包括归档实物档号、实物名称等信息，粘贴在不影响实物品像的合适位置，一般粘贴在实物的背面或底部，同类实物粘贴位置要相对统一。六是编目。依据档号顺序编制目录，包括档号、题名、责任者、时间、保管期限、件套数量、件数、存放地点、互见号、备注等项目。档号按照档号结构格式要求编制；责任者指实物档案的形成（制发）单位或个人。没有责任者的应当考证，考证出的责任者外加方括号"［］"，考证不出的留空；题名应直观地反映出实物的主要特征和内容。奖杯、奖牌、奖状、证书等实物在拟写题名时要写明授奖单位、获奖单位、荣誉称号等。纪念品、宣传品等实物要在题名中写明活动名称及质地；时间指实物档案的形成时间，以国际标准日期表示法标注年月日，或以所属年代标注，当实物上形成时间未标注且无法考证时，填写"不详"，考证出的时间外加方括号"［］"；件套数量和件数含义是不同的，件套数量指内容与功能上相互关联的独立个体集合，或对立个体本身的数量，而件数仅指独立存在的个体或不可拆分的最小个体的数量，如一套纪念币共8枚，其件套数量为"1"，件数即为"8"；实物档案目录应制作封面，装订成册，封面设置全宗名称、全宗号、年度、保管期限等项目；互见号填写本实物拍照归档的照片档案的档号；备注填写实物需说明的其他情况。七是存放。由于实物档案的载体形状、大小规格的多样性，不易做到整齐存放、排列整齐，但实物档案还是应尽量装到装具内，这样既能起到保护作用也便于存取。实物档案可根据其形状、大小、载体等采用无酸纸档案盒和其他适宜于不同载体长期保存的装具，兼顾统一性和特殊性。

（三）强化实物档案的保管

实物档案一般应集中统一保管，在条件允许的情况下可以根据需要建立荣誉室或陈列室，对全部或部分实物档案进行展览陈列，同时应在综合档案室备份实物档案目录。荣誉室或陈列室要安排专人管理，根据不同实物材质做好实物档案的维护工作，确保实物档案保管保护设施到位。定期检查，做好实物档案存放库房、橱柜的清理、除尘等工作，以保证实物档案的完好无损。

（四）充分实现实物档案的利用

首先，应完善实物档案查询、借阅的流程，使实物档案借出可追踪溯源，切实杜绝丢失问题的发生。一般情况下，实物档案不外借，若确需外借，要按程序办理审批手续和签字登记。其次，应充分利用信息技术搭建信息共享平台，从而进一步拓宽实物档案的利用途径。如搭建数字档案馆，用户可利用网络查询各种档案信息；还可因地制宜对实物档案进行展示，利用电视广播、多媒体等途径进行宣传，充分发挥实物档案的历史记忆、文化传承作用。最后，应健全奖惩制度，对捐赠实物档案的行为予以表扬奖励，对造成实物档案丢失、污浊、破损的行为予以严惩。

（五）开展实物档案的数字化

实物类档案应在归档后进行数字化备份，刻录制作成光盘归档，同时在两者之间建立准确的标识关系。实物档案可采用扫描或拍照的方式进行数字化处理，并在数字化处理中记录好使用的设备名称、型号、软件程序版本等信息。随着社会信息化的不断发展，实物档案数字化备份应及时进行转换处理，以保障数字化信息的准确性和可识别性。

（六）提高档案管理队伍的业务能力和综合素质

档案管理人员是档案管理工作有序开展的主体，管理队伍的业务能力和综合素质对档案工作的成效有着直接性的影响。作为档案管理工作者需要清楚认识到实物档案的重要性，强化实物档案的归档意识，同时还需要具备过硬的业务能力、综合素质和强烈的工作责任感，并严格按照相关制度规定开展档案管理工作，才能保证实物档案管理工作的实际质量。各单位各部门应重视档案管理队伍的培训，为档案管理提供充足的人才储备，打造适应档案工作需要的人才队伍。[①]

综上所述，实物档案管理具有传统档案不具备的复杂性、随机性、载体多样性等特点。为了加强实物档案的收集和管理工作，各单位应当创新现有的实物档案收集和管理理念，建立健全实物档案收集、管理、利用等制度，加大人、财、物的投入力度。同时还需要提高档案管理者的综合素质和业务能力，有效提高实物档案的管理水平，更好地发挥实物档案的独特作用，从而促进档案工作的规范化和标准化进程，推动档案事业健康发展。

第四节　电子档案的管理

一、电子档案的含义及产生

电子档案是以数码形式记录于磁带、磁盘、光盘等载体，依赖计算机系统阅读、处理

---

① 王静．实物档案管理探析［J］．黑龙江档案，2022（4）：127-129．

并可在通信网络上传输的文件。

人们在计算机屏幕上看到的由文字、图形等构成的电子档案形态只不过是电子档案的某种输出形式而已，在计算机内部，无论是传输还是存储处理，电子档案均是以数字编码的形式存在。在计算机多媒体技术的支持下，电子档案还可以包括声音、影像等多种形式。不过这些信息形态就计算机内部处理来说，也都是二进制的数码而已，只是在输入和输出时，才有其各自的特殊形式。

电子档案是计算机技术与通信技术在科研、生产、商贸管理等领域应用的产物。早些时候，人们大多使用"机读文件"这一概念，近几年来渐渐被电子档案取代了。

在计算机应用的初期，即 20 世纪 70 年代之前，人们还只是把计算机作为某些工作环节中使用的辅助性工具，应用面较窄，作用也有限。到了 20 世纪 70 年代末情况就发生了较大的变化，计算机应用开始向广泛的领域发展，而且逐步向工作的各环节渗透。随着计算机存储技术、运算速度与网络技术的突破，一些国家的政府部门实现了办公自动化，例如 20 世纪 80 年代瑞典、挪威等北欧国家的某些政府机构的办公过程实现了计算机化，每年一个部级机关产生数万份计算机文件（当时称机读文件，我国在 20 世纪 90 年代中期达到这一水平）。计算机从辅助性的工具很快发展成一种工作环境，并伴随其应用的普及而演变成一种工作方式。过去用纸墨、照相形成和人工传递的政府机关公文以及图书、图样、图形、影像、文献资料、科技情报、商业信息等，现在都可以用计算机进行处理。

20 世纪 90 年代初，随着人们对计算机环境下产生的电子档案的认识的逐步深入，人们发现只用"机读"二字已无法描述电子档案的本质特性，因而转向了以文件存在的形态来描述电子档案。在由计算机产生、处理和传输信息过程中，信息都是以电子形态存在的，因此人们就以"电子"来形象地描述这种计算机文件。

电子档案的产生改变了传统观念中对档案的理解，也改变了对档案存在形成、特征、特性、意义的认识。电子档案的产生、形成、归档及其传输、存储、保存等管理，均与传统的纸质档案所用技术、方法不同。这是文件管理的一场革命。

二、电子档案的特性

电子档案具有许多不同于纸质文件的特性。目前，人们对电子档案特性的研究，已达成共识的观点主要有以下几种。

（一）电子档案对设备的依赖性

电子档案从形成、传输到存储都是通过计算机实现的，所以电子档案与计算机系统中的各种设备有着密不可分的关系，也可以说计算机是生成电子档案的前提和基础。离开计算机的软硬件平台，电子档案既看不见，也摸不着，这就决定了电子档案对设备的依赖性。

电子档案的这一特性给电子档案保管和长期保存带来很多问题，例如，设备发生故障、系统瘫痪、电子档案就读不出来；电子档案对其他设备环境的不兼容性，使其只能在某种设备上处理，而不能在其他设备上处理；不同软件环境形成的电子档案存储在载体上，有时难以互换；电子档案加密后，不解密就无法识别；技术设备更新时，不及时解决格式转换问题，就无法读取等。

（二）电子档案载体的非直读性

存储在某种载体上的电子档案，在制作时是把可识别的文字、图形等输入计算机中转换成二进制数码来表示的。计算机内形成的电子档案记录到载体上时，也是数字编码序列，因而不能直接观看其内容，必须由相应的计算机设备将载体上编码序列读取出来，然后转换成人能识别的形式，显示在屏幕上或打印在纸上。

电子档案载体的非直读性体现在很多方面：一是数字编码序列记录在载体上，人的眼睛无法识别；二是载体上的记录信息密度极大，即使在高倍显微镜下可以看到光盘记录痕迹，但也读不懂那些痕迹表示什么；三是载体上的数字信息往往是经过压缩加密处理，即使有设备，如果不能解密也不能读取其内容。电子档案载体的非直读性增加了电子档案保管及长期保存的困难性、复杂性。[①]

（三）电子档案信息与载体的可分离性

纸质文件的内容与载体是密不可分的整体。例如，墨迹必须依附在纸张上才能形成文字或图形。电子档案则不然，其内容存放位置不是固定的，而是可以变化，甚至可以从一个载体转换到另一个载体，其内容却不发生任何变化。同样，它还可以通过网络传给远方的一个或多个接收者。在一些对保密有特殊要求的网络中，还采取把电子档案的内容分解后分别通过不同的路径传递、存放在不同地点不同设备的存储介质上，只是在需要时才临时把文件的内容装配起来。

上述种种情况，不仅造成电子档案与载体关系的可分离性质，也使长期共享电子计算机网络资源的使用者淡化了对电子档案存储于哪台电子计算机、哪个载体以及什么位置的关心。这个特征给电子档案的保管带来许多新的问题，若处理不当，会直接影响其可靠性、真实性和完整性。

（四）电子档案信息的易更改性

电子档案在起草过程中或作其他处理时的突出优点是增、删、改容易，且改后不留任

---

① 张端，刘璐璐，杨阳. 新编档案管理实务［M］. 成都：电子科技大学出版社，2017：210.

何痕迹。

电子档案易被增、删、改，主要是由于电子计算机的内存储器、磁带、磁盘、可擦写光盘等存储介质的可重写性决定的。另一个原因是电子计算机的存储器除磁带外，都具有随机读写的功能，即载体中任何部件的信息都可以被直接定位读写。此外，电子档案与载体的可分离性，也造成了电子档案被传递或更换至其他载体时存在着被改动的可能性。处理后得到的电子档案是否与原来一样，存在认定上的困难。电子档案的易更改性给其归档后形成的电子档案保管工作带来了纸质文件所未遇到的新问题。

（五）电子档案信息共享性

电子档案传输处理的环境是电子计算机网络，如果不特意采取措施，则可以做到用网络上的任何终端设备去读取存储在某一个设备上的电子档案。另外，一个终端上的电子档案也可以同时发给若干网络终端，就像发布文告一样，电子档案由于不受物理载体传递的限制，所以对信息获得者来说，可以产生一种共享的感觉，从而摆脱了时间和空间的制约。电子档案的共享性是其运作环境的网络化决定的。

此外，由于各学者研究的角度、取材特点不同，对电子档案的理解各有侧重，对电子档案特性的认识不尽相同，例如，电子档案的物理结构与逻辑结构关系的复杂性；电子档案对背景信息和原数据的依赖性；电子档案的多媒体集成性；电子档案的非实体归档的可能性等。随着对电子档案的进一步研究，人们对电子档案特性的认识将会愈来愈全面、深刻。

三、电子档案的种类

根据电子档案的信息存在形式和用途，电子档案的种类大致可以分为以下几种主要类型。

（一）文本文件

在计算机上运用文字处理软件在磁介质上生成的文件即为文本文件。例如各类行政文件、生产工艺文件等。文本文件是通过特定的编辑软件生成的，存储内容由美国信息交换标准代码（ASCⅡ）和《信息交换用汉字编码字符集》（GB2312-1980）标准汉字代码构成。用不同文字处理软件编辑的文本文件在不同类型的计算机上一般不能交换使用，纯文本文件不包含格式代码，在使用时不受计算机硬件和软件类型的限制。

（二）命令文件

命令文件是指为处理各种事务用计算机语言编写的程序，通常称为"计算机软件"。它的形成过程一般是由程序员编写"源程序"输入计算机，通过相应的编译程序编译后执行，其中有些还要经过连接程序才能执行。命令文件中的"源程序"是纯文本文件，由特定的计算机指令序列构成，具有可移植性，在使用上不受计算机类型的限制，编译后的软件在不同类型的计算机上不能兼容。"源程序"能表明版权的归属，因而对于计算机软件的开发者来说具有重要的保存价值。

（三）图像文件

图像文件包括计算机辅助设计（CAD）中产生的设计模型、图样和使用扫描器录入的照片、图像等。图像文件是通过专用的程序录入存储的。计算机辅助设计（CAD）产生的图像文件由代表绘图坐标的矢量和一些参数组成，有些使用纯文本文件的代码存储，以便在不同的软件包之间进行信息交换，也有些使用特殊的代码格式存储。用不同的图像处理程序生成的照片、图画类图像文件，由于格式不同而不能任意交换使用，需使用格式转换软件进行转换后才可以显示。彩色图像文件的内容一般是用表示图像像素的代码形式存储的，是否能够正确恢复原色彩还与显示器的性能有关。

（四）数据文件

数据文件一般是以数据库的形式存在的。一个数据库由若干条记录组成，一条记录由若干字段（数据项）组成。读取数据库中的数据时，可以根据查询要求一次读出一条记录，也可以读出一批相关的记录。数据库因管理程序不同具有不同的格式，一般来说不同的数据库之间需要通过转换程序才能进行信息交换。

数据库的生成一般有两种方式：一是人工输入数据，利用相应的数据库应用程序形成数据库；二是使用条形码扫描器、A/D 变换器等传感设备自动采集数据。此外，使用已有的数据借助某些软件也可自动生成新的数据库。

四、电子档案的收集与积累

电子档案是由二进制数字编码组成的，二进制数字编码的变化会导致电子档案内容的改变。电子档案从形成到归档有一段时间间隔，在这一段时间内，电子档案有被更改的可能，而且更改可做到不留一点痕迹。因此，为保证归档的电子档案的真实性、系统性和完整性，电子档案的收集与积累工作必须从电子档案的形成阶段开始，贯穿于办公自动化（OA）、计算机辅助设计（CAD）或辅助制造（CAM）等电子信息处理工作的全过程。

（一）电子档案收集与积累的方法

电子档案的收集积累往往是在计算机网络系统上进行，由于记录系统有自动记录的功能，可用它来记载电子档案的形成、修改、删除责任人、入数据库时间等。

用载体传递的电子档案要按规定进行登记、签署，更改处要填写更改单，履行更改审批手段，并存有备份件防止出现差错。

电子档案的收集积累应由形成部门集中管理，不得由个人分散保管。对于网络系统，应建立积累数据库，或在电子档案数据库中将对应在收集、积累范围内的电子档案注明积累标识。

（二）电子档案收集与积累的要求

第一，记录了重要文件的主要修改过程，有查考价值的电子档案应被保留。当正式文件是纸质时，如果保管部门已开始进行向计算机全文处理的转换工作，则与正式文件定稿内容相同的草稿性电子档案应当保留，否则可根据实际条件或需要确定是否保留。

第二，保存与纸质等文件内容相同的电子档案时，要与纸质等文件之间相互建立准确、可靠的标识关系。

第三，在"无纸化"计算机办公或事务处理系统中产生的电子档案，应采取更为严格的安全措施，保证电子档案不被非正常改动。同时必须随时备份，存储于能够脱机保存的载体上，并对有档案价值的电子档案制作纸质或缩微胶片复制件保留。

第四，用文字处理技术形成的电子档案，收集时应注明文件存储格式和属性。

第五，用扫描仪等设备获得的图像电子档案，如果采用非标准压缩算法，则应将相关软件一并收集。

第六，用计算机辅助设计或绘图等方式获得的图形电子档案，收集时应注意其对设备的依赖性、易更改性等问题，不可遗漏相关软件和各种数据。

第七，用视频设备获得的动态图像文件，收集时应注意收集其压缩算法和软件。

第八，用音频设备获得的文件，收集时应注意收集其属性标识和相关软件。

第九，由计算机多媒体技术制作的文件，其中包含前面所述的两种以上的信息形式，收集时应注意参数准确、数据完整。

第十，通用软件产生的电子档案，收集时应注意收集其软件型号和相关参数。专用软件产生的电子档案，收集时必须连同专用软件一并收集。

第十一，计算机系统运行和信息处理等过程中涉及的各类参数、管理数据等应与电子档案一同收集。

五、电子档案的整理与归档

（一）电子档案的整理

电子档案的整理是指按照一定的原则和方法，将收集、积累的电子档案分门别类进行清理，为归档做好准备工作。电子档案的整理包括以下两大内容。

其一，组织分类、排序。将磁性载体传递的零散、杂乱的电子档案，通过分类、标引、组合，使电子档案存储格式处于一种有序状态。文件名称、文件号、分类号和隶属编号等电子档案的著录标引应由归档人员来完成。著录标引在管理工作中占有重要地位，其质量好坏，将直接影响未来的电子档案的保管和利用。

其二，组织建立数据库。先是对电子档案进行分类和编号。一个单位的电子档案类别是多种多样的，对这些电子档案要进行分门别类地管理，就要进行科学的分类。要按门类划分要求，结合本单位的专业和电子档案内容，制定分类编号方案。分类编号就是按照分类编号方案的规定对电子档案进行划分，并给每份电子档案一个固定的唯一的号码，从而使全部电子档案成为一个有机的整体。此外，要对电子档案进行登记。电子档案的整理是未来电子档案管理和利用等工作的基础。

与纸质文件相比较，电子档案在数据库中是以虚拟形式存在的，经过对电子档案的科学整理，构成有序的虚拟状态，通过检索可以提取电子档案并在计算机屏幕上显示出来，数据库是存取电子档案的虚拟文件库。需要特别注意的是，无论在任何环境条件下，都要复制一套备份保存，并对这套备份的软、硬件环境作出说明。有些必须以纸质文件存在时，可输出纸质文件保存。

(二) 电子档案的归档

电子档案归档是将应归档的经过整理的电子档案，确定档案属性后，从计算机或网络的存储器上复制或刻录到可移动的磁、光介质上并移交至档案馆（室），以便长期保存的工作过程。不同环境条件下产生的电子档案，其归档的方法是不同的。若是计算机网络系统，可按要求转入档案数据库或记有归档的标识即完成归档工作；若是载体传递归档，就必须做一些辅助和认证工作，要与相关的纸质文件结合归档。

电子档案的归档必须按照归档制度进行。归档制度包括以下几方面。

第一，归档范围。确定电子档案的归档范围，是归档的首要任务，也是保证电子档案质量的关键。确定电子档案的归档范围应遵循以下原则：①按照现行公文或科技等文件的有关归档范围执行。②根据电子档案的形成规律及其特性，尽量具体列出阶段的、系统的、权威性的电子档案组合，确保电子档案的完整性。③计算机的软硬件环境、表达电子档案内容的基本格式及有关数据等必须列入归档范围。

第二，归档时间。电子档案的归档一般在年度或任务完成后，或一个阶段之后的一段时间内进行归档（称为阶段归档），具体可视情况而定。因涉及电子档案的软、硬件环境条件、记录介质的质量、寿命等，一般归档时间以不超过 2~3 个月为宜。

第三，归档要求。对归档的电子档案总的要求是齐全完整，真实有效，达到档案的功能要求。要做到这一点，首先要遵从归档各阶段的规定、标准，如收集、积累、整理、鉴定等环节的规定、标准；其次是准确说明配套的软硬件环境；最后是归档电子档案格式应尽可能通用、标准。具体做法如下：①把带有归档标识的电子档案集中在一起，制成归档数据集，复制至耐久的载体上。复制至少一式二套，一套封存保管，另一套供查阅使用。必要时，复制第三套，异地保存。对于加密电子档案，则应解密后再完成上述工作。②推荐采用的载体，按优先顺序分别是只读光盘、一次写光盘、可擦写光盘、磁带等。禁用软磁盘作为归档电子档案长期保存的载体。③存储电子档案的载体或包装盒上应贴有标签，标签内填写编号、名称、密级、保管期限、硬件及软件环境等。④将相应的电子档案机读目录、相关软件、其他说明等一同归档，并附归档电子档案登记表。⑤需要长期保存的电子档案，应当把归档电子档案与相应的机读目录存在同一载体上，如果是自行开发的应用软件，也应将软件及相关数据存在同一载体上。⑥原电子档案数据集载体在完成电子档案归档后，保留时间至少1年。⑦在网络中进行了逻辑归档操作的电子档案，应按上述归档过程完成物理归档。

目前，大部分机关将电子档案转换成纸质文件归档保管，是因为在电子档案的证据性、管理制度、管理技术与方法、管理设备、通信设备等方面仍存在着各种问题，在这些问题没有得到有效解决之前，这种纸质文件和电子档案并存的状况有存在的合理性和必要性。一方面，在没有充分的技术保障和科学的管理制度的条件下，档案人员不能轻易用电子档案取代纸质文件归档保管；另一方面，电子档案的归档也有其积极意义，这样就形成了双套归档的局面。这是文件介质转换时期不可避免的一种现象，不应看作是不必要的重复。可以预见，纸质文件和电子档案双套归档的局面将持续相当一个时期，随着技术的成熟和各方面条件的具备，会有越来越多的电子档案独立地转化为档案，但多种介质档案并存的状况将长期存在。

双套归档带来的直接影响是需要分别建立两个管理系统，二者既有联系，又各有特点。原则上电子档案的管理应纳入现行的档案管理体系，能够并轨的就实行并轨。例如，电子档案的归档单位最好与纸质文件的立卷单位相一致，归档时间也可定为同时，价值鉴定、著录标引统一操作等；不能并轨的就分别操作。例如，分别保管、分别利用等。

第四，归档方法。电子档案归档一般采用以下方法：①将最终版本的应归档的经过整理的电子档案存入磁、光载体介质上。②压缩归档，即采用数据压缩工具对网络上应归档的经过整理的电子档案进行压缩，然后刻入磁、光介质上，采用压缩工具的过程必须统一、规范。③备份系统归档，一般在局域网或其他网络环境下采用，将确定要归档的电子档案在网上进行一次备份操作，就可将归档的电子档案存放在磁、光介质上。④进行一致性的测试检验，检验项目为：载体有无划痕、是否清洁、有无病毒，核实电子档案的完整性和有效性审核手续，核实相关登记表、软件、说明资料等是否齐全。档案馆（室）应配备相应的设备，以确保归档电子档案的检验工作。

六、电子档案的鉴定与保管

（一）电子档案的鉴定

电子档案的鉴定和纸质档案的鉴定一样，是对其保存价值的判断和预测。通常，对电子档案的鉴定是在对电子档案的鉴定的基础上进行的，是对电子档案鉴定的继续和补充。在电子档案归档时，电子档案形成部门在档案部门的协助下，对归档电子档案的内容进行鉴定，鉴别电子档案的价值，同时对内容、载体进行检查、检测，确定取舍，对所需的软、硬件环境作出说明，并根据电子档案的价值划分保管期限，提出保管期限内配套的软、硬件环境要求。在档案管理过程中进行的电子档案的鉴定，其主要任务是对已到保管期限的电子档案重新审查鉴定，把失去保管价值的电子档案剔除销毁，避免造成有利用价值的电子档案淹没于无用的电子档案之中，达到优化馆（室）藏电子档案的目的。

（二）电子档案的保管

电子档案的保管除应具备纸质档案的一般要求外，还需要根据磁、光介质的特性，采用一些特殊的保管方法。

1. 电子档案的保管要求

电子档案所使用的磁、光介质的稳定性不如纸质材料，对保管条件具有较高的要求，有关磁性载体档案的保管可参照执行国家档案局颁布的《磁性载体档案管理与保护规范》中的有关规定。目前，我国尚未颁布有关光盘的保管规范，光盘可根据其载体性能加以妥善管理，具体内容如下。

（1）库房温湿度要相对稳定，温度应在14℃~24℃，相对湿度在45%~60%范围内选定一组值，一旦选定，在24小时内温度变化不得超过±3℃，相对湿度变化不得超过±5%。最佳环境温度是18℃，相对湿度是45%。光盘的载体性能比较稳定，对温湿度没有很高的要求，人体能够适应的温湿度环境一般均可保管光盘。

（2）库房内要清洁，无腐蚀性气体，通风良好，地面不打蜡、不铺地毯，电子档案装具应洁净无尘。

（3）库房及档案装具要具有防火、防尘、防水性能、防止紫外线直接照射电子档案。

（4）库房应注意远离强磁场，并与有害气体隔离。磁性载体档案与磁场源（永久磁铁、电动机、变压器等）之间的距离不得少于76毫米；可使用软磁物质（软铁、铁淦氧、镍铁合金等）构成档案容器或箱柜，对磁场进行屏蔽；档案装入有磁屏蔽容器时，距容器内壁至少26毫米；库房中无磁性材料及其制品（如磁化杯、保健磁铁、磁铁图钉等）；在存有重要档案的库区应设置测磁设备，以查出隐蔽的磁场。磁光记录方式的可擦式光盘，同磁盘、磁带一样需要防磁。

2. 电子档案的日常管理

电子档案日常管理的要求主要是：

（1）归档的两套电子档案应分别存放，一套封存，一套提供利用；

（2）电子档案必须按其保管单位顺序编号排放；每一盘、带都要贴上标有盘带号、保管单位名称的标签，以便存取；磁带应放入盒中，垂直放置；光盘片基很薄，为防止变形，应垂直存放；

（3）建立电子档案库房管理制度，坚持观测温湿度，定期除尘、检查电线、插头、开关等，杜绝火灾隐患；

（4）注意操作方法，管理人员不能用手直接触摸磁、光介质，应带非棉制手套操作；不要使电子档案接触不清洁表面，例如地面、桌面等；磁性载体档案使用场所的温度、湿度与库房温度、湿度相差范围应分别为±3℃、±5%。否则，应在使用前将磁带在使用环境中平衡3天以上，读带前将磁带按正常速度全程进带、倒带各2次。

3. 电子档案的检测和维护

电子档案载体，特别是磁性载体，极易受到保存环境的影响。即使是在良好的保存环境之下，也难免不发生信息丢失或读出错误的现象。这是由于经过长期保存，载体材质老化及磁性的自然衰减所致。因此，对所保存的电子档案载体，必须进行定期有效的检测与维护，以确保电子档案信息的完整性、可行性。

（1）定期检测。电子档案的定期检测应每年进行一次，采用等距抽样或随机抽样的方式进行，样板数据以不少于10%为宜，以一个逻辑卷为单位进行检测。首先，进行外观检查，确认载体表面是否有物理损坏或变形，外表涂层是否清洁及有无霉斑出现等。其次，进行逻辑检测，采用专用或自行编制检测软件对载体上的信息进行读写校验，对所有检测出错的载体，需进行有效的修正或更新。

（2）定期复制。电子档案的定期复制，是保证磁性载体可行性的一种有效方法，应每4年进行一次，且原载体继续保留的时间不少于4年。

对于电子档案的检测与维护，必须进行严格的控制与管理。因为任何一次误操作都可能使保存的电子档案遭到人为的损害，甚至造成难以弥补的损失。因此，除了需要从各方面提高操作人员素质和严格工作制度及各项操作规程外，还必须建立相应的维护管理信息文档，并由工作人员认真填写。建立这个文档的目的是对电子档案的检测、维护、复制等操作过程进行记录，避免发生人为的误操作或不必要的重复劳动。此外，还可以通过对这些信息的统计、分析，为今后的工作提供参考。

电子档案的保管是一项重要而复杂的工作，采用的技术和方法很多，其作用也各有不同。因而，在对电子档案的保管过程中，应充分考虑环境、设备、技术、人员及电子档案的特性等综合因素来制定技术方案和工作模式，并采取行之有效的措施，以确保电子档案的安全可靠，能够永久处于可准确提供利用的状态。

七、电子档案的提供利用

电子档案的提供利用与纸质档案相比，具有更快捷、更方便的特点。但是这必须建立在电子档案所依赖的技术上，且必须满足必要的条件和采取相应的措施才能够实现。

（一）电子档案提供利用的方法

对于档案部门来说，提供电子档案利用的方法主要有以下几种。

其一，提供物质载体的复制。档案部门可以向利用者提供记录在特定载体上的电子档案。提供载体复制时，应将文件转换成通用标准文档存储格式，由利用者自行解决恢复和显示的软、硬件平台。当利用者不具备利用电子档案的软、硬件平台时，也可以向这些用户提供打印件或缩微品。

其二，用数字网络传输电子档案。这一方法比较适合馆际之间的信息资源互相交流及向相对固定的查档单位提供档案资料，可以通过点对点转换数字通信或互联网络来实现。

其三，通过计算机直接提供利用。利用者通过档案部门或另一检索机构的计算机，在档案部门的网络上直接查询。其特点是可为利用者提供技术支援；同通信传输相比减少了大量的管理工作；可以使更多的读者同时利用同一份电子档案成为可能。但是这种可能性取决于档案馆网络系统中可供直接利用的信息资源的多少，可以采用根据利用者需求定期向系统加载数据的方法，并将加载的内容或时序向利用者通报；从利用者的角度出发，可建立利用者预约内容申请文档，通过系统对这些申请的处理，及时将相关的档案数据加载到档案部门的网络查询系统，供利用者使用。

（二）电子档案提供利用的管理

由于电子档案提供利用方式的多样化与所依赖技术的多重化，使得加强电子档案的利用管理显得更加重要。档案部门应从建立与各个工作环节相对应的措施、方法、规程、规范入手，在工作中严格执行、有效监督。其实现方式可通过行政手段或技术手段来完成。

第一，使用权限的审核。在电子档案的提供利用工作中，必然涉及档案载体的保管人员、数据系统的管理人员、利用及维护系统的操作人员和利用者等，由于他们各自工作的性质与责任不同，因而对其进行使用权限的审核是十分必要的。首先，在整个利用系统功能的使用上，要根据各种人员的级别、层次进行使用权限的认定，并依此向利用系统注册登录。在提供利用中，由系统自动判定当前使用者身份的合法性及其所使用功能的范围，并由系统自动对其使用的各种功能操作的路径进行跟踪与记录。对涉及使用未经授权的功能时，应能拒绝响应并给予警告提示，以确保系统的安全和进行有效的控制与监督。其次，在电子档案存储载体的使用上，要根据电子档案内容的密级和开放程度，来确定其使用控制程度，在使用中依据利用者背景情况和利用目的来决定对他的授权。需要特别指出的是，对整个系统带来影响或对电子档案载体进行无条件复制等功能，其被授权者的范围应越小越好，同时要建立有效、可行的规章制度，确保使用权限的审核方法在利用工作中得以实施。

第二，利用复制的提供与回收。提供电子档案的复制是一种主要的利用方式，但必然会造成利用时间与利用地点的分散。如果管理不好还将造成档案信息的散失，给安全、保密带来问题。因而，应依据利用者的需求和确认使用权限后再进行提供复制品的制作。原则上尽量避免把载体上存储的电子档案信息全部复制出来，并通过技术手段防止所提供的复制品再次复制。除经过编辑公开发行的电子出版物外，对那些提供利用的复制品必须进行回收。要有完善的提供复制利用手续，提供利用者和利用者双方应对提供复制的内容进行确认，并对使用载体的类型、数量、使用时间、最后回收期限及双方责任人等情况进行登记。系统可根据这些登录信息进行自动管理，以便使档案管理人员能够及时了解提供复制品的利用情况，并对已到回收期限的复制品提出催还清单。对回收来的复制品，应作信息内容的消除处理，并在对应的利用信息文档中注明复制品已回收、完成利用使用。

第三，提供利用中的安全措施。电子档案在利用中的保密与安全是十分重要的，而且同纸质档案的利用相比，更加难以控制。因此，应特别注意：①采用的利用方式应视利用者的情况而定，不能无原则地向所有利用者提供全部利用方式。②依据电子档案内容的密级层次，进行有效的管理。一般情况下，对于内容不是完全开放的电子档案，不宜用复制的方式提供利用。对于提供复制件的制作，必须在有效监控下进行。③采用通信传输或直接利用等利用方式时，必须对信息内容进行加密处理，并对所使用的密钥进行定期或不定期的更换。④无论采取哪种利用方式，系统都应对利用的全过程进行有效的跟踪监控，并自动进行相关的记录。记录是对利用工作查证的依据。⑤利用系统应有较强容错能力，避免由于误操作而引起不可挽回的损失。

参考文献

[1] 齐丽丽. 信息化视角下的档案管理研究 [J]. 黑龙江科学, 2019, 10 (13): 106-107.

[2] 孙莲荷. 档案信息化建设与档案管理探析 [J]. 中国管理信息化, 2018, 21 (22): 151-152.

[3] 于利梅. 大数据背景下档案信息化发展的困境与出路 [J]. 兰台世界, 2022 (2): 45-48.

[4] 田凯, 王巍巍. 大数据时代档案信息化建设策略研究 [J]. 机电兵船档案, 2020 (4): 90-92.

[5] 许建智, 王艳艳. 新时期档案信息化建设的几点思考 [J]. 档案与建设, 2020 (10): 50-52, 60.

[6] 赵蕾. 新时代下推进档案信息化建设的路径探索 [J]. 北京城市学院学报, 2021 (5): 49-53, 59

[7] 李鸣宇. 档案信息化管理及推动档案信息化建设的策略研究 [J]. 才智, 2015 (5): 365.

[8] 杜文文. 大数据时代下档案信息化建设策略探讨 [J]. 智库时代, 2020 (20): 16.

[9] 刘郁兰. 档案信息化管理及推动档案信息化建设的策略研究 [J]. 兰台内外, 2020 (19): 1-3.

[10] 李晓丹. "互联网+"背景下企业档案信息化建设策略研究 [J]. 现代企业文化, 2016 (18): 139-140.

[11] 陈荣. 档案信息化管理及推动档案信息化建设的策略研究 [J]. 管理纵横, 2021 (07): 104.

[12] 潘潇璇. 档案管理理论研究 [M]. 延吉: 延边大学出版社, 2018.

[13] 戴志强. 国家档案资源整合的涵义及其运作机制探讨 [J]. 档案学通讯, 2003 (2): 4-7.

[14] 梁伟杰. "互联网+"背景下数字化档案资源整合与服务探讨 [J]. 贺州学院学报,

2019（2）：127-130.

[15] 李静. 数字档案资源整合与服务机制的发展策略［J］. 青春岁月，2019（20）：453.

[16] 沈荣. 浅析农业科研单位档案管理［J］. 新疆农业科技，2016（5）：19-21.

[17] 庞素霞. 加强事业单位档案管理信息化建设的方法策略［J］. 文化产业，2023（8）：10-12.

[18] 王丽英. 新时期如何做好高校档案管理工作［J］. 兰台内外，2023（6）：69-71.

[19] 罗春秀. 人事档案管理工作中的不足及改善措施［J］. 当代农机，2023（2）：74-75.

[20] 刘建慧. 档案管理信息化与数字化的思考［J］. 数字技术与应用，2023，41（2）：91-93.

[21] 付贺，石新英，吴园园，等. 大数据背景下档案管理现代化探究［J］. 科技资讯，2023，21（4）：228-231.

[22] 赖瑾慕. 新时期推动档案管理标准化建设策略探析［J］. 办公自动化，2023，28（4）：56-58.

[23] 浙江省档案局. 档案事业概论［M］. 杭州：浙江大学出版社，2014.

[24] 魏国红. 农业科技档案管理的实践与思考［J］. 科技信息，2014（15）：175.

[25] 张端，刘璐璐，杨阳. 新编档案管理实务［M］. 成都：电子科技大学出版社，2017.

[26] 李东红. 新时代背景下的档案管理与创新［M］. 北京：经济日报出版社，2017.

[27] 金波，张大伟. 档案信息化建设［M］. 上海：上海教育出版社，2016.

[28] 卜鉴民，等. 改制企业档案管理实践与创新［M］. 苏州：苏州大学出版社，2017.

[29] 陈永新. 论新形势下企业科技档案的规范化管理与利用［J］. 合肥学院学报（社会科学版），2008（2）：125-127.

[30] 张秀辰. 新形势下工程档案管理工作中的问题及对策［J］. 中国勘察设计，2010（6）：55-57.

[31] 张韬. 谈新形势下工程公司的科技档案管理［J］. 价值工程，2011，30（3）：156.

[32] 杨联会. 新形势下农业科技档案管理面临的问题及对策［J］. 农业图书情报学刊，2013，25（2）：101-102.

[33] 曹娟，朱方林，朱大威. 加强农业科研单位建设工程档案管理的思考［J］. 江苏农业科学，2015，43（5）：474-476.

[34] 张薇娣，张薇娅. 新形势下科技档案管理模式创新研究［J］. 太原城市职业技术学

院学报，2009（9）：151-153.

[35] 柳晓霞．浅议农业科研档案管理方法［J］．农业科技与信息，2016（8）：46.

[36] 宋志彬．信息化时代下国企档案管理的创新与研究［J］．文化产业，2023（7）：34-36.

[37] 刘禹徽．优化企业电子档案管理的实践路径探索［J］．办公室业务，2023（5）：179-181.

[38] 李旭宏．医院信息化发展与医院档案管理探讨［J］．办公自动化，2023，28（5）：56-58.

[39] 张凯军．档案管理软件存在问题的调查分析［J］．兰台内外，2023（6）：63-65.